本人の視点に基づく

介護技術ハンドブック

上原千寿子=監修
介護技術ハンドブック作成委員会=編集

中央法規

はじめに
── 教える側と教えられる側の共同作業によって生まれたハンドブック

　広島県では、2012年から、全国に先駆けて「広島県福祉・介護人材確保等総合支援事業」を開始し、3つの部会（情報提供・啓発部会、人材確保・育成部会、就業環境改善部会）で活動に取り組んできました。

　本書は、その「人材確保・育成部会」での「専門技術開発・基礎技術習得事業」のために作成した『介護基礎技術ハンドブック』（以下、『ハンドブック』）がそのベースとなっています。

　介護の現場に入ってくる職員の経歴はさまざまであり、その裾野は大きく広げられ、とりあえずは無資格でも働ける状況となっています。今後、外国人技能実習生などの受け入れも始まっていくことを考えると、たとえ無資格であっても、基本的な介護の考え方や基礎技術はしっかり習得して現場で働けるような研修プログラムとテキストをつくりたいと考えました。

　そのために、広島県介護福祉士養成施設協会や広島県介護福祉士会の若手のメンバーに協力を求め、介護現場の職員にとって実用的でわかりやすく、より充実した内容とするために、2013年に「介護基礎技術習得モデル研修」（以下、「モデル研修」）を実施しました。

　この「モデル研修」には、同じ施設・事業所から介護技術に不安を感じている新任職員と、それを指導する職員のペアでの参加を募りました。新任職員だけを教育しても、介護現場の指導者の理解が得られなければ何の効果もないし、現場の指導者も、日々、新入職員にどのように教えたらいいのか、きっと悩んでいるだろうと考えたからです。

　「モデル研修」では「介護の基本・コミュニケーション」「移動・移乗」「食事」「排泄」「入浴・更衣」の5項目について、その基礎を学びながら、日々のケアで感じる悩みや疑問、誤った介護をしてしまいがちなケースを事例として取り上げ、介護福祉士ならではのこだわりで、介護の根拠や方法、留意するポイントを、研修講師と実習指導者および新任職員で確認し合いました。

　こうしてまとめたのが本書のベースとなった『ハンドブック』です。そして、これを活用して2014年から現在まで、新任職員と指導者とがペアで参加する「介護基礎技術向上基礎研修」を開催し、さらに最近では、要望に応え、研修講師がその現場まで出かけて行って、介護職員全員を対象に実施する機会も増えています。

　このような経緯をたどり、教える側と教えられる側の共同作業で作成し、見直しを重ねてきた『ハンドブック』が、今回、中央法規出版で刊行されるにあたり、さらに私たちが大切にしてきた本人ときちんと向き合い「本人の視点」を具体的にその介護場面に織り込みながら、改めて内容を精査し、まとめ直しました。ぜひ、全国でもご活用いただき、たくさんのご意見やご要望をお寄せいただければ幸いです。

2019年8月　　　　　　　　　　　　　　　　　　　　　　　　　　上原　千寿子

目次

はじめに

第 1 章 介護者として大切なこと

1 介護者としての心構え ······················ 2
1 人間性を磨くこと ······················ 2
2 自分を知ってもらうこと ···················· 2
3 名前を呼ばれるようになること ················· 3
4 声をかけたくなる雰囲気をもつこと ··············· 3
5 自分を見失わないこと ···················· 4
6 推測で語らないこと ······················ 4
7 本人の人生（生き方）を守れること ··············· 4

2 介護者として大切にしたい視点 ··················· 5
1 本人主体 ··························· 5
2 安心 ····························· 6
3 生活習慣 ··························· 6
4 意欲 ····························· 7

第 2 章 コミュニケーション

1 コミュニケーションで大切なこと ·················· 8
2 本人へ寄り添う ··························· 9
1 コミュニケーションに必要な表情 ················ 9
2 コミュニケーションをとる際の介護者の位置 ·········· 10
3 コミュニケーションの基本姿勢 ················· 11

3 コミュニケーションのとり方 ···················· 14
1 傾聴 ····························· 14
2 共感 ····························· 15
3 受容 ····························· 16

4 自己決定 ····························· 17
チェックリスト ···························· 18

第 3 章 移動・移乗

1 移動・移乗の支援で大切なこと ·················· 19
2 移動・移乗の支援を行う前に ··················· 20

|1| 移動・移乗の環境 ……………………………………………… 20
|2| 移動・移乗に必要な福祉用具 ………………………………… 20
|3| 手の使い方・からだの使い方 ………………………………… 21
|4| 座位姿勢 ………………………………………………………… 23

3　浅く座る支援 …………………………………………………… 24

4　立ち上がりの支援 ……………………………………………… 26
|1| 立ち上がりの動作の基本 ……………………………………… 26
|2| 立ち上がりの支援 ……………………………………………… 27
|3| 立位が難しい場合の立ち上がりの支援 ……………………… 28

5　座り方の支援 …………………………………………………… 30
|1| 座る動作の基本 ………………………………………………… 30
|2| 座り直しの支援 ………………………………………………… 34

**6　本人の状態や状況に応じた
　　立ち上がり方・座り方の支援** ……………………………… 35
|1| 手すりを活用した支援方法 …………………………………… 35
|2| 介護者の手の使い方による支援方法 ………………………… 35
|3| こんな場面ありませんか ……………………………………… 36

7　歩行の支援 ……………………………………………………… 37
|1| 歩行の基本 ……………………………………………………… 37

8　寝返り、起き上がり、臥床時の支援 ……………………… 38
|1| 寝返りの支援 …………………………………………………… 38
|2| 起き上がり、臥床時の支援 …………………………………… 39

9　移乗の支援 ……………………………………………………… 42
|1| 移乗動作の基本 ── 立位が不安定な場合 ………………… 42
|2| 膝をついての移乗方法 ── 立位の保持ができない場合 … 46
|3| 介護者の大腿部に片足を乗せる方法 ── 座位・立位の保持ができない場合 … 47
|4| スライディングボードを活用した移乗の支援 ……………… 49

10　車いすでの走行の支援 ……………………………………… 50
|1| 車いすの開き方・閉じ方 ……………………………………… 51
|2| フットサポートの足の位置 …………………………………… 52
|3| キャスタ（前輪）の位置 ……………………………………… 52
|4| 段差を越えるときの車いすの走行 …………………………… 53
|5| 段差を下りるときの車いすの走行 …………………………… 54
|6| 下り坂のときの車いすの走行 ………………………………… 55
|7| 自走の場合の支援 ……………………………………………… 56
|8| こんな場面ありませんか ……………………………………… 56

チェックリスト ……………………………………………………… 58

第 4 章 食事

- **1 食事の支援で大切なこと** 59
- **2 食事の支援を行う前に** 60
  - 1 食事の環境 60
  - 2 食事に必要な福祉用具 61
  - 3 食事のときの姿勢 64
- **3 食事の支援** 66
  - 1 食事の支援 66
  - 2 こんな場面ありませんか 71
- **4 口腔ケア** 74
  - 1 口腔ケアをする前に 74
  - 2 口腔ケアで使う道具 74
  - 3 口腔ケアの基本 75

チェックリスト 77

第 5 章 排泄

- **1 排泄の支援で大切なこと** 78
- **2 排泄の支援を行う前に** 78
  - 1 排泄の環境 78
  - 2 排泄のリズム 79
  - 3 排泄方法の各段階 80
  - 4 排泄に必要な福祉用具 80
  - 5 感染予防 82
- **3 排泄の支援** 83
  - 1 排泄の支援 —— トイレを使用した場合 83
  - 2 排泄の支援 —— おむつを使用した場合 88
  - 3 こんな場面ありませんか 91

チェックリスト 93

第 6 章 入浴

1 入浴の支援で大切なこと ……………………………………… 94
2 入浴の支援を行う前に ………………………………………… 95
　1 入浴の環境 …………………………………………………… 95
　2 入浴に必要な福祉用具 ……………………………………… 95
　3 入浴の準備 …………………………………………………… 97

3 入浴の支援 …………………………………………………… 99
　1 浴槽に入る前 ………………………………………………… 99
　2 浴槽へ入る …………………………………………………… 105
　3 浴槽から出る ………………………………………………… 109
　4 入浴後 ………………………………………………………… 111
　5 こんな場面ありませんか …………………………………… 112

4 機械浴の支援 ………………………………………………… 112
5 入浴できない人への対応 …………………………………… 115
　1 疲れやすい人への配慮 ……………………………………… 115
　2 失禁がある人への配慮 ……………………………………… 115

チェックリスト ………………………………………………………… 116

第 7 章 衣服の着脱

1 衣服の着脱の支援で大切なこと ……………………………… 117
2 衣服の着脱の支援を行う前に ………………………………… 118
　1 衣服の着脱の環境 …………………………………………… 118
　2 衣服の着脱に必要な福祉用具 ……………………………… 118
　3 衣服の着脱の基本 …………………………………………… 120

3 衣服の着脱の支援 …………………………………………… 122
　1 衣服の着脱の支援 —— 座位の場合 ……………………… 122
　2 衣服の着脱の支援 —— ベッド上の場合 ………………… 130
　3 靴、靴下の着脱支援 ………………………………………… 136

チェックリスト ………………………………………………………… 138

介護者として大切なこと

1　介護者としての心構え

① 人間性を磨くこと

　「介護福祉士である前に一人の素敵な人間でいる」。この言葉を聞いて、みなさんはどんな思いを抱くでしょうか。

　この言葉には、介護者は、資格以上にもっと大切なものがあることを忘れないでほしいという思いがあります。もちろん、資格を取るために日々勉強をすることはとても大切なことであり、スキルアップを目指すことも重要です。しかし、資格をもち知識や技術が豊富だから愛され、必要とされているわけではありません。

　また、素敵な人間でいるというのは、よい意味で人の心に残り、きらめきと喜びを感じる人だと思います。イメージは人それぞれ違っていても、素敵な人から支援を受けたいという思いは同じであることを忘れないでください。目の前の人から「あなたがいい」と言ってもらえる介護者になることを目指してほしいと思います。

② 自分を知ってもらうこと

　介護を必要とする人（以下、本人）から「ありがとう」や「すまないね」といった言葉をかけてもらったことがあると思います。介護者は、その言葉の意味をどれだけ考え、感じようとしているでしょうか。いつも介護をしてもらって、お世話になっている介護者に何かお礼をしたい、そう思いながら生活している人も多くいるはずです。

　しかし、介護者は本人のあらゆる情報を知っているのに、本人は介護者のことをほとんど知らないのが現状です。本人のことを知ろうとする前に、自分のことを知って

もらうように、双方向の関係を築くことが介護の醍醐味であり、本人たちが求めている介護であるともいえます。介護者と本人の関係である前に、人と人であること。そこには、日本のよき文化である「お互いさま」の心があることを、忘れないでください。

3 名前を呼ばれるようになること

　介護現場で飛び交う「おねぇちゃん」「おにぃちゃん」「看護婦（師）さん」「先生」など…。本人からこのように呼ばれて、返事をしていませんか。

　介護者は本人のことは名前で呼ぶようにと指導される一方で、本人からの呼ばれ方の指導を受けることはほとんどありません。ここが、介護者の大切なプロ意識を試される瞬間です。

　たとえば、介護を必要とするAさんから「おねぇちゃん」と呼ばれた介護者が、Aさんに嫌なことをしたとします。Aさんが「おねぇちゃんに○○をされた」と言っても、介護者全員を「おねぇちゃん」と呼んでいた場合、Aさんに嫌なことをした介護者の特定は難しくなります。Aさんが介護者を名前で呼んでいたとすればどうでしょうか。Aさんの指摘により、その介護者も自分の行為を反省することができます。

　介護者がよいことをしても、悪いことをしても、その介護者だとすぐにわかるようにすることは、自分の介護に責任をもつ意味でも大切なことです。

4 声をかけたくなる雰囲気をもつこと

　新人のうちは先輩や本人に気を遣い、つねに謙虚でだれからも声をかけられる存在の介護者だったとしても、仕事や職場に慣れ、いつしか人を寄せつけない雰囲気を醸し出す介護者に変わってしまうことがあります。たとえば、毎朝その介護者が職場に来た瞬間から、明らかに不機嫌で話しかけないでほしいという雰囲気でいるとします。その介護者がいるだけで職場の雰囲気が凍りつき、本人の日常生活は緊迫の場面に変わります。本人は、だれよりも先にその雰囲気に気づいているのです。あなたが、介護を必要とする場合を想定してみてください。不機嫌な介護者に、食事の支援やトイレ誘導を頼めるでしょうか。どんなときでも本人が安心して介護者に声をかけることができる、そんな雰囲気を醸し出すこと、もち続けることが大切です。

⑤ 自分を見失わないこと

　自分の職場が本人主体の生活の場になっているでしょうか。介護者は、忙しさのあまり、つい業務を優先することを考えてしまいます。しかし、本人の行動は生活をするうえで、人間として当たり前の行為がたくさんあることを忘れないでほしいのです。そして、自分の発した言葉が相手を傷つけていないか、つねに意識しながら働くことも大切なことです。

⑥ 推測で語らないこと

　本人主体の大きな落とし穴は、相手の立場に立っているつもりで、相手の本当の気持ちを知ろうとしなかったり、相手に対してこうしたら喜ぶだろうなという思いで支援を行うことです。「〜だろうな」は、相手の本当の気持ちや考えではなく、あくまでも相手に対するこちら側の推測でしかありません。

　たとえば、おむつ交換では「時間がかかったら」「漏れたら」と不安に思いながらおむつ交換を行っている介護者も多いと思います。しかし、本人がおむつをつけるのを嫌だと思っていれば、私たちが考えなければいけないのは、おむつをどう当てるのかではなく、どうやっておむつをやめていけるのかになります。

　本当の本人主体とは、しっかりと相手のことを観察し、相手をよく知り、相手が本当に求めていることを確認して提供することです。本人の気持ちに寄り添った支援こそが、本人主体の第一歩になります。

⑦ 本人の人生（生き方）を守れること

　私たちは、医師でも看護師でもありません。そのため、医療には治癒というゴールがあっても、介護の世界にゴールはないと思ってかかわることが大切です。どんな状態になろうとも、そこに命がある限り、支援し続ける。それが、私たちの一つの使命です。

　私たちが本人の生活を支え、生きていくための最期の望みとなるように、どんなことがあってもあきらめずに、いつまでも本人らしく生きることができるように支え続けていかなくてはいけません。

　患者の生命を守るのが医師ならば、介護者は本人の人生（生き方）を守らなければ

いけません。生活を守り、本人の思いを知ろうとするまなざしの追求こそが介護において一番妥協(だきょう)してはいけない視点です。

2 介護者として大切にしたい視点

　本書では本人を支援していくうえで、介護が必要になってもいつまでも自分らしく生きることができるように、介護者が大切にしたい4つの視点をあげています。4つの視点は、①本人主体、②安心、③生活習慣、④意欲になります。第2章以降は、その視点を用いて支援ができるようにポイントを示しながら説明しています。ここでは、4つの視点が示す意味を説明します。

1 本人主体

　本人主体とはつねに本人の立場に立ち、考え行動することです。介護者はいつも本人にとって最善(さいぜん)とは何かを考え行動できること、つまり介護の世界においては本人が中心であり、その周りを、介護者を含め多職種で支え合うということを本人主体といいます。

> 　特別養護老人ホームの新人職員に先輩職員がおむつ交換のやり方を教えました。その後、新人職員は1人で排泄(はいせつ)の支援ができるようになり、その日も1人でAさんの排泄の支援に行きました。次の排泄の支援は先輩職員が行いました。Aさんの布団をめくると、おむつがきちんと当たっていなかったため、ズボンが汚れ、おむつからは便が漏れていました。
> 　先輩職員は前のおむつ交換を新人が担当したことを知っていたため、その場はAさんに謝り、すみやかに対応しました。排泄の支援のあと、新人職員のもとへ行き、「さっきAさんのおむつ交換に行ったら、おむつから便が漏れていたよ」と伝えました。すると新人は先輩職員に「すみません。次から気をつけます」と謝りました。すると先輩職員は「私には謝らないで大丈夫。だけど、Aさんには謝っておいてね」と伝えました。

　支援をするうえでは、介護者に迷惑がかからないための支援ではなく、本人に迷惑がかからないための支援であることが最も大切です。本人主体は気づかないうちに介

護者主体になってしまうことがあります。中心が介護者ではなく、つねに本人が中心であることを介護者一人ひとりが意識しておくようにしましょう。

2 安心

　私たちは自分のことは自分で行うことができます。しかし、すべての行為をだれかにゆだねなければならなくなったとき、安心して食事ができ、安心して排泄(はいせつ)ができることは何よりも幸せで、かけがえのないことです。そして、安心した生活を送れることこそが、自分らしく生きることにつながります。安心した生活が送れるように介護者は何をしなければいけないのかをいつも考えておくことが大切です。一方で、安心して暮らしてもらうためにけがや事故をおそれ、安全ばかりの追求になってしまうと本人にとっての安楽が失われることがあります。安全と安楽の先に安心があることを忘れないようにしましょう。

> 　特別養護老人ホームに入所しているBさんが夕方になると、「今日の夜勤はだれかいの」とたずねてきます。いつものことなので何も考えもしませんでしたが、ある日のこと、その日もいつもと同じように「今日の夜勤はだれかいの」と言ってきました。職員が「今日の夜勤は○○さんですよ」と伝えると、Bさんは小さな声で「今日は安心して眠れる」と言っていました。「安心して寝ることができる」その言葉にハッとしました。

　私たちは毎日、自宅で普通に安心して寝ることができています。それは自分のことが自分ででき、プライバシーが守られた空間が確保できているからです。しかし、施設の生活のなかで安心して暮らすことができるかどうかは本人ではなく、そこで働く介護者が握(にぎ)っています。たとえ介護を必要とするようになったとしてもだれもが安心して暮らすことができる。そんな場所と、介護者を目指しましょう。

3 生活習慣

　介護者が生活を支援するなかでは、本人の生活習慣やこだわりなどを知ることが大切になります。生活習慣やこだわりなどを知ることで、初めて本人の生活を支援していくための準備が整(ととの)うのです。

> 　特別養護老人ホームに入所しているCさん。昔戦争を経験し、国のために戦ったことや自分の功績をいつもうれしそうに話してくれます。Cさんはほかの入居者と一緒に食事をとらず、すごい速さで食事をする習慣があります。入所当初は職員もあまりの速さで食事をするCさんに、「皆さんと一緒にゆっくり食べませんか」と話をしていました。しかし、Cさんに話を聞くと、戦争に行っていたときに食事は1人で黙って早く食べる習慣を叩き込まれたそうです。その後もずっと変えることなく、食事は1人で黙って早く食べるという習慣を貫いていると言っていました。

　施設に入所するとどうしても本人の安全や施設の環境が優先されがちになります。しかし、介護者は本人にとって何が最優先なのかをしっかりと判断することが大切です。その判断には安全や環境だけでなく、本人の生活習慣も本人の生活を支えるためには必要不可欠であることを介護者は意識しておくようにします。

4 意欲

　人は意欲がなければ行動を起こすことができません。たとえ介護が必要となっても、意欲をもって生活を送ることができれば本人の生活は大きく変わり、自分らしい生き方を継続することができます。低下した意欲を上手に引き出し、モチベーションを上げて生活できるようしていくことが介護者の役割でもあります。

> 　特別養護老人ホームに入所しているDさんは、いつも部屋で横になっています。ある日、Dさんをたずねて3名の面会がありました。その人たちはDさんの昔の教え子でした。Dさんの面会に来た一人が「校長先生」と声をかけたのです。すると、閉じた目がパッと開き、ベッドから起き上がり、面会に来た3名の名前を言いはじめました。その後、校長先生という言葉に敏感に反応があることがわかり、職員間でDさんのことは校長先生と呼ばせてもらうことにしました。また、起床後は背広に着替えて、朝の職員朝礼で一言あいさつをしてもらうようにしました。すると、積極的にほかの入居者とも話をするようになり、花壇の水やりなどもしてくれるようになりました。

　Dさんの意欲を向上させたのは、校長というプライドと介護者がその環境をつくり出せたことだと思います。本人にあった意欲の高め方を追求していく姿勢が介護者には求められます。

コミュニケーション

1　コミュニケーションで大切なこと

　介護を必要とする人（以下、本人）との信頼関係を築くことは、介護における基本であり、すべてはコミュニケーションから始まります。

　コミュニケーションは自分を知ってもらい、相手を知るためにもとても重要です。コミュニケーションで良好な人間関係を築くことは本人の活動意欲への向上にもつながります。また、体調の変化など日々の様子を会話や表情からいち早く感じとることで、本人にとっても安心した生活を送ることができます。しかし、介護者が本人の気持ちを考えない子ども扱いをするような言葉かけや、上から命令するような言葉かけをしてしまうと、本人を不快な気分にさせ信頼関係を築くことはできません。

　そのためにも介護者として、コミュニケーションの基本姿勢や傾聴・共感・受容などの態度をしっかり身につけて日常会話のなかで、相手を不快にしたり、傷つけたりすることがないようにしましょう。介護者の相手を大切にしたコミュニケーションは必ず本人に届き、生活を豊かにする技術であることを理解して支援していきましょう。

2　本人へ寄り添う

① コミュニケーションに必要な表情

笑顔

喜び

悲しみ

ふて顔

無表情

怒り

■ 表情が本人に与えること

・笑顔・・・いつも笑顔で話しかけやすい

・喜び・・・一緒に喜んでくれてうれしい

・悲しみ・・・つらさをわかってくれて気持ちが楽になる

・ふて顔・・・ものごとを頼みにくい

・無表情・・・どう思われているのか不安

・怒り・・・怖くて近づけない

② コミュニケーションをとる際の介護者の位置

① 正面（対面）

　介護者が正面に座ると、本人に圧迫感を与えることがあります。つねに介護者の顔を見て話をしなければいけないので、本人も介護者も気を遣う姿勢です。ただし、大切な話やお願いごとをするときには効果的な姿勢です。

② 90度（直角）

　本人と介護者が90度（直角）になるように座る姿勢です。適度に顔を見て話をすることができるので、対面型よりもリラックスした感じでコミュニケーションをとることができます。

③ 横並び

　介護者が横並びに座ることで、本人が見ている物を一緒に見ることができます。そのため、共感を得ることができ、コミュニケーションの幅(はば)を広げることができます。

3 コミュニケーションの基本姿勢
① 基本姿勢

　コミュニケーションの基本は、双方(そうほう)にとって心地よい関係を築(きず)くことです。基本姿勢を身につけて、しっかりとコミュニケーションを行えるようにしましょう。基本姿勢とは、相手より目線を下げ、本人の斜(なな)め前方に位置します。本人の視界に介護者の全体が入るところに位置するようにします。

　特に初対面の場合などは、本人との距離感やボディタッチ、目線の高さなどが適切かどうかを意識しましょう。

② やってしまいがちな接し方

■ 直立での言葉かけ

　介護者が姿勢を下げずに直立のまま言葉かけを行うと、本人は人が覆(おお)いかぶさるような感じを受け、恐怖心を感じてしまいます。

■ 過剰な接近

　難聴(なんちょう)があると思い込み、必要以上に近づいて話をすると、本人が不快に感じる場合があります。本人が手をまっすぐに前に伸ばした状態で、その伸ばした手より近づくと本人は近いと感じることがあるため、本人との距離間を意識するようにします。

■ 過剰なボディタッチや寄りかかり

　本人の肩を抱いたり、からだに触れたりすることは、信頼関係があって初めて活きてくる行為です。初対面での過剰なボディタッチは、かえって本人を不快にさせる場合があります。

　また、車いすにもたれかかったり、本人の膝に手を置いてコミュニケーションをとったりすることは、本人の羞恥心を傷つけるうえ、失礼な行為にあたります。

■ 膝をつく

　膝をついてのコミュニケーションは、腰痛予防の観点では腰を守る手段として有効とされているため、そのことが一概に悪いことではありません。しかし、床に膝をついてコミュニケーションをとったあと、移乗の支援でベッド上に膝を乗せて支援する場合、床の菌などをベッドに運んでしまうことがあるので注意しましょう。床に膝をついた場合は、汚れをはらったり消毒するなどして、そのまま支援しないようにしましょう。

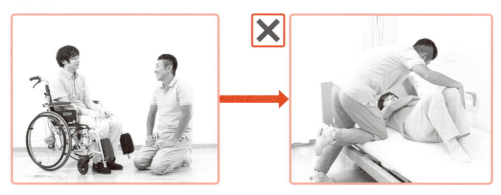

3 コミュニケーションのとり方

1 傾聴

聴くことを意識し、心から本人の話を聴いているという態度（傾聴）が必要です。しっかり傾聴することで本人を安心させ、信頼関係を早く築くことができます。

POINT 安心 意欲

「聞く」とは、音・声を耳に受ける。耳に感じとること。

「聴く」とは、注意して耳に留める。耳を傾けること。

腕組み、足組み、ため息などは、本人を不快にするため好ましくありません。

2 共感

本人の気持ちに理解を示し、その気持ちに寄り添うことで本人も喜びを感じます。

今日は、今から娘の家に泊まりに行きます。孫に会えるのが楽しみでね。

僕は今忙しいので。

今日は、今から娘の家に泊まりに行きます。孫に会えるのが楽しみでね。

それは楽しみですね。また、帰ったらお孫さんの話を聞かせてくださいね。気をつけて行って来てください。

POINT　安心　意欲

言葉だけではなく、表情や態度（あいづちなど）により、本人に共感していることを伝えることが大切です。

③ 受容

本人の考えや思いに共感したうえで、状況を理解し、肯定的(こうていてき)に受け入れましょう。

仕事で部下が失敗をしたので、今から仕事に行きます。

もう仕事は退職してますし、部下もいませんよ。

仕事で部下が失敗をしたので、今から仕事に行きます。

それは大変ですね。Aさんは、部下思いのやさしい上司ですね。

> **POINT** 安心 意欲
>
> 本人の思いや考えを受け入れるためには、本人の思いや考えを認め、よいところや素敵なところを知ることが大切です。はじめから本人のできないことばかりに目を向けていては受容できません。

4　自己決定

　人の生活のなかにはたくさんの選択肢があり、そのなかから自分にあった物を自分で選ぶこと（自己決定）で、充実した生活を送ることができます。

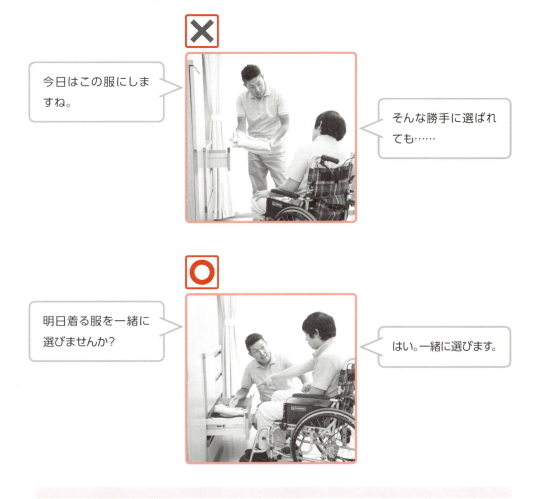

> **POINT**　本人主体　意欲
>
> どんな場合でも決定権は介護者側ではなく、本人にあることを理解しておきます。

☑ チェックリスト

	チェック項目	自己評価
1	業務中の自分の態度は、本人が言葉かけをしやすい雰囲気ですか。	
2	高齢だから、障害があるからという先入観で本人とかかわっていないですか。	
3	その場の状況や本人に合わせた位置でコミュニケーションがとれていますか。	
4	コミュニケーションをとる際、本人との距離は適切ですか。	
5	コミュニケーションをとる際、自分の表情は適切ですか。	
6	本人の目線より下からコミュニケーションがとれていますか。	
7	本人に聞きとりやすい声の大きさ、速さを心がけていますか。	
8	本人を尊重した言葉づかいをしていますか。	
9	心から本人の話を聴くこと（傾聴）ができていますか。	
10	本人の気持ちを理解し、共感できていますか。	
11	本人の考えや思いを知り、肯定的に受け入れること（受容）ができていますか。	
12	ながらコミュニケーション（○○しながら）をとっていないですか。	
13	周りの状況を見ながら、目の前の本人とコミュニケーションがとれていますか。	
14	コミュニケーションをとるのが難しい人にも、積極的にコミュニケーションをとろうとしていますか。	
15	寝たきりの人にひんぱんに介護者が足を運び、言葉かけができていますか。	

【評価　　できている○、まあまあできている△、できていない×】

移動・移乗

1　移動・移乗の支援で大切なこと

　移動・移乗は、その先に必ず目的があり、生活に欠かせない動作です。日常生活のなかでは、起きて移動をしなければ、排泄や洗面などの次の動作は行えません。また買い物や旅行なども、必ず歩き、車やバスなどの乗り物に乗り移動をします。

　その移動・移乗において支援が必要となった際、介護者はどのような方法で、どのような支援が必要となるのかを理解しておく必要があります。まずは基本的な人のからだの動きを知ることが大切です。ふだん何気なくしている動作も、1つひとつに意味があり、支援を行う際には、その意味が介護を必要とする人（以下、本人）にとって安心を感じたり、介護者にとっても楽な支援につながることがあります。

　移動・移乗には転倒や転落などの危険も多く潜んでいます。しかし、危険性ばかりを考えると、動きを制限する支援にもなります。危険性があることも十分理解したうえで、いかに日常に意欲をもち、自分らしい生活を送ることができるかを考えていく必要があります。

　そのためには、介護者はまずは本人に何ができて、何ができづらくなっているのかをきちんと見極める視点をもつようにします。本人にあった支援を考えながら、環境の把握や、福祉用具なども正しく活用していき安心してもらえる支援を行いましょう。

2 移動・移乗の支援を行う前に

1 移動・移乗の環境

　環境を知っておくことで未然に防げる事故もあります。転倒するからダメ、など安全だけが先走りして本人の活動に制限をかけることがないように職員間で周知することが大切です。また、本人が心地よいと感じられるように、本人がいないときでも居室の環境を整えておくことも大切です。

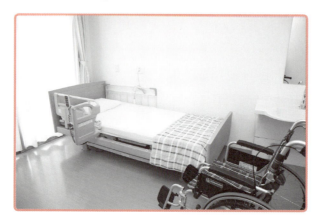

確認しよう！
・ベッド柵やベッド用手すり（移動用バー）などの福祉用具の使い方を確認しておきます。
・段差があったり床が濡れていたりしないかを確認します。
・車いすのタイヤの空気圧、ブレーキなどを確認します。
・利用する人によって、車いすなどを置く場所が異なることを把握しておきます。
・移動したあとの室内やリビングでは、いすなどを出したままにしないようにします。
・本人が移動や移乗したあとのベッド上は、きれいに整えておきます。

2 移動・移乗に必要な福祉用具

■ 車いす

自走用と介助用があります。自走用は本人が自分で動かすことができる車いすであり、介助用は介護者が支援して走行するものです。

■ 杖

T字杖と呼ばれる杖です。
少ない支持で歩行が可能な場合に用いられるものです。

■ シルバーカー

かごや台を備えた歩行補助用具です。台の部分に座って休憩ができるタイプもあります。
足腰の弱い人や歩行バランスの不安定な人に適しているものです。

■ スライディングボード

車いすからベッドなどに橋渡しをして移乗するための板状の用具です。

■ スライディングシート（グローブ）

ベッド上でからだの位置を動かしたり、体位変換するときに用いられるものです。

3 手の使い方・からだの使い方

　支援をする際、支援の内容によって介護者は本人のからだに触れたり、支えたりすることがあります。介護者自身が自分のからだをどのように使うと本人が心地よく感じられるのか、また、お互いが安心で安全であるのかを考えながら支援を行うことが大切です。

① 介護者の手の使い方

介護者は大きな関節を下から支えるように意識します。

> **POINT** 安心
>
> 本人の腕や足をつかむようにして上から持つと、指の力で圧迫痕(あっぱくこん)となります。また指の力は思っている以上に強いため、本人にとって痛みや不快感を伴(とも)います。
>
> 本人の腕や足を下から支えることにより、痛みや不快感が軽減し、「大切にされている」と感じられる支援につながります。

② 介護者のからだの使い方

介護者はからだの使い方を理解しておくことで、支援する際の姿勢が安定します。姿勢が不安定だと、支援される側の転倒などのリスクだけでなく、介護者がからだを痛めてしまう原因にもなります。支援する際の正しいからだの使い方を理解することで、お互いにとって負担の少ない支援になります。

> **POINT** 安心
>
> 重心を低くし、介護者の足先を動く方向に向けます。それにより、からだがねじれることなく、姿勢が安定します。

4 座位姿勢

正しい座位の姿勢を保つことは、本人の苦痛が軽減されることで表情がよくなり、からだのバランスを整えることなどにつながります。本人の身体機能を把握したうえで、身近にある物などを活用しながら、姿勢を整えていきましょう。

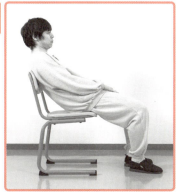

POINT　安心

いすに浅く座り、背もたれにもたれている状態は、いすからずり落ち、転落の危険があります。

両足が肩幅程度に開き床についていること、いすに深く腰かけていることを確認します。必要な場合は、タオルやクッションなどで座位姿勢を保持します。

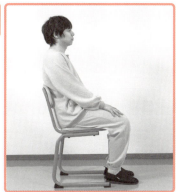

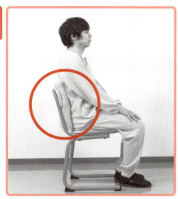

第3章 移動・移乗

3　浅く座る支援

　立ち上がる前に本人が無理な体勢で立ち上がろうとしていないかを確認する必要があります。立ち上がりやすい体勢をつくるために「浅く座る」という支援を行います。

❶本人のからだを介護者が支えながら少し傾(かたむ)けます。

> **POINT**　安心
>
> 　からだを傾ける際、本人に安心してもらえるように言葉をかけ、介護者がしっかりとからだを支えます。
> 　わきから入れた介護者の手は、指先に力を入れてしまうと痛みを感じたり、不快に感じるため、本人のからだをつかまないように注意します。

❷介護者は本人の臀部に手を差し入れ、手前に臀部を引き寄せます。

POINT　安心

　からだを傾けたことによる臀部の空間に、介護者の親指をそわせて手を差し入れ、手を返すことで本人に不快なく臀部を支えることができます。
　皮膚が弱い場合もあるので、できるだけ摩擦がないように浮かせます。

❸反対側も同様の手順で、本人の臀部を手前に引き寄せます。

❹姿勢を確認します。

POINT　安心

　両方の臀部が前方に出すぎてしまうと転落の危険があるため気をつけます。
　浅く座ったあとにベッドから転落・転倒する危険があるため、本人から離れないようにします。

4 立ち上がりの支援

　立ち上がるときの基本的な人のからだの動きを理解しておくことで、支援が行いやすくなります。

1 立ち上がりの動作の基本

POINT　安心　生活習慣

　前傾姿勢をとりながら立ち上がりを行います。座ったときの足の位置は、かかとが膝頭（がしら）より少し後ろに位置していると立ち上がりやすい姿勢になります。かかとは引きすぎると転倒の危険があります。本人がふだんしている立ち上がりの動きを確認することも大切です。

　立ち上がり後は、ふらつきがないかなど姿勢の確認を行います。

2 立ち上がりの支援

❶介護者は本人の両肘を下から支え、足を前後に開きます。

POINT 安心 意欲

介護者が立ち上がらせようと無理に引き上げるのではなく、自然な立ち上がりの姿勢をつくることで双方に負担のない支援となります。

❷介護者は本人の肘関節から上腕部にかけて下からしっかりと支え、引っ張らず、重心が臀部から足に移るまで下げます。

❸ゆっくりと引き上げるようにして、立ち上がりを支援します。

> **POINT** 安心
>
> 立ち上がった際、不安定な姿勢にならないようにしっかりと支え、転倒などに注意します。

❹本人のからだの動きに合わせて、介護者の前後に開いた足は、引いているほうの足を前に戻します。

> **POINT** 安心
>
> 本人が前かがみの状態ではバランスが悪いため、本人の足の上に重心がくるようにからだを戻します。戻すことによって安定した立位になります。

③ 立位が難しい場合の立ち上がりの支援

　立位の保持が難しく、いすへの座りかえやトイレでズボンや下着の上げ下げをするときなどに活用できる方法です。また、座り直しでも活用できます。

❶介護者もいすに座り、お互いに向き合います。お互い向き合った状態で、介護者の両膝で、本人の両膝をはさみます。

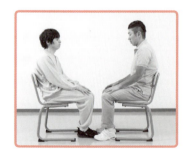 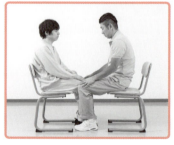

> **POINT** 安心
>
> しっかりと膝を固定することで、姿勢が不安定にならないように支えます。

28

❷介護者が臀部を上げてそのままいすに座ることで、本人の臀部が上がります。

> **POINT** 安心
>
> 介護者のからだの角度が座ったときに変わると、本人のからだを無理に抱え上げることになるため、介護者は姿勢に気をつけます。

第3章 移動・移乗

5　座り方の支援

　座るときの基本的な人のからだの動きを理解しておくことで、支援が行いやすくなります。無理に座らそうとしたりする支援は本人に恐怖を感じさせてしまったり、けがにつながることもあるため注意しましょう。

１ 座る動作の基本
① 基本動作
　頭を下げてお辞儀（じぎ）をするように前傾姿勢をとり、ゆっくりと腰をおろしながら最初に臀部（でんぶ）が座面につくように座ります。深く座り、安定した座位（ざい）がとれていることを確認しましょう。

> **POINT**　安心　生活習慣
> 　前傾姿勢をとらずに背中から座ると、勢いがつき、本人によっては胸部（きょうぶ）や腰部（ようぶ）の骨折にもつながります。からだへの痛み、けがなどにつながらないように支援します。本人がふだんからしている座る動作の確認をしておくことも大切です。

② いすや車いすを膝の裏につける

> **POINT　安心**
>
> 後ろに何があるかわからない状況で座ることはだれでも不安です。座る前に一度座るところを見てもらったり、いすや車いすを膝の後ろに軽く当てて、認識してもらうようにします。

③ 前方からの座位への支援

　座る際に、介護者の支援が必要な場合に活用します。自分で座るときと同じように、介護者がその動きをつくり出すことが必要です。

❶介護者の首に両手を回して持ってもらいます。介護者の片手は本人の肩甲骨あたりを支え、もう一方の手は腸骨部を支え、足を前後に開きます。

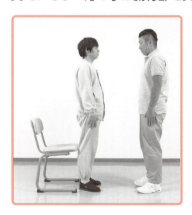 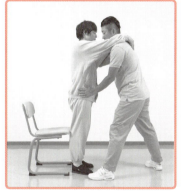 

❷座ることを伝え、本人が座ると同時に介護者の腰を落とします。

> **POINT** 安心
> 肩甲骨を支えている手で背中を押し、もう一方の腸骨部を支えている手で腸骨を軽く押すことで、座るサインを本人に伝えることができます。
> 　介護者は腰を落とし、本人に覆いかぶさらないよう前傾姿勢のまま座れるように支援します。

④ 横からの座位への支援

　介護者が前方に入れないときや、ベッド用手すり（移動用バー）を持っているときなどに活用します。

❶介護者は本人の横に足を開いて立ちます。

> **POINT** 安心
> 　介護者の手は本人の腸骨部を支え、胸を本人の背中に当てた状態で体勢を保持します。
> 　介護者は本人の横に立ったとき、いすが後ろにずれないように、片足でいすを支えます。

❷介護者と本人が一緒にお辞儀をするように前傾姿勢をとります。

> POINT　安心
>
> 　介護者の胸で本人の背中を押すように前傾姿勢をとることで、本人も前傾姿勢になります。その際に両側の腸骨部を支えることで臀部をいすに誘導します。
> 　本人が座るまで介護者はからだを離さないように支援することで、安心して座ることができます。

2 座り直しの支援

　いすや車いすに座った際、座り方が浅いと転落などの危険につながります。また、安定した座位の姿勢でなければ苦痛を伴う場合もあるため、座り直しをする必要があります。

> **POINT**　安心
>
> 　本人の足を引き、前傾にすることで体重が前方にかかり、臀部が浮くためからだを後ろに動かすことができます。そうすることで、本人にとって座り直しの負担が軽減できます。
> 　介護者が本人のからだを引き上げるようにすると、本人にとっては苦痛となり、からだも負担となります。

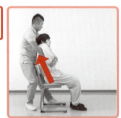

6 本人の状態や状況に応じた立ち上がり方・座り方の支援

1 手すりを活用した支援方法

手すりは縦や横などに応じて、それぞれ機能があります。縦の手すりはからだを支えるためなど姿勢の安定が目的です。L字や横の手すりは立ち上がり動作を支えることが目的です。それぞれの機能を理解しておきましょう。

2 介護者の手の使い方による支援方法

認知症がある人のなかには、自分で立位・座位はできるものの、言葉かけによる動作の理解が難しく、介護者が無理やり支援を行ってしまうことがあります。そこで、介護者の手の使い方で立位・座位の動作を伝えることができる方法もあります。

■ 手の動きで伝える方法

介護者が本人の背中に手を当て、座るときは大きな動きで上から下へ動かします。立つときには下から上へ、一方向のみに向かって動かします。

> **POINT 本人主体**
>
> 介護者の手の動きが小さすぎたり、しっかり手を当てていなければ、本人が混乱したり不快になります。
>
> 動きを伝えるための方法であるため、手を大きく動かすことで、本人が自分から立ち上がろうとする気持ちを引き出します。

■ 方向を変えたいときの方法

　一緒に歩いているときなどに方向を変えたいときは、介護者は本人の背中（肩甲骨あたり）に手を添え、向いてほしい方向へ一方向に向けて介護者の手を動かします。

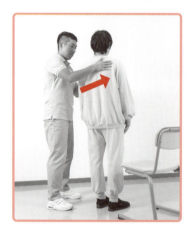

POINT　本人主体

　介護者の手の動きが小さすぎたり、しっかり手を当てていなければ、本人が混乱したり不快になります。

　動きを伝えるための方法であるため、手を大きく動かし伝えることで、本人が自分で動こうとする気持ちを引き出します。

③ こんな場面ありませんか

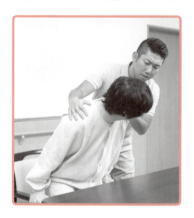

POINT　意欲

　臀部が痛くて立ち上がろうとする人、トイレに行きたくて立ち上がろうとする人、それぞれ思いがあってしている行動であることを意識しておくようにします。「座ってください！」より、まず「どうされましたか？」と聞いてみることが大切です。

7　歩行の支援

　高齢になると歩行のスピードはゆっくりになり、歩幅がせまく、すり足気味になるなどの特徴が多く見られるようになります。その特徴を把握したうえで歩行の支援を行いましょう。

1　歩行の基本

POINT 安心 生活習慣

本人に歩いてもらう際、特に手引き歩行時では、両足を同時に出すような支援で歩き出すことは困難です。ふだん歩くように片足ずつに体重をかけ、重心を移動するように歩行の支援を行います。自分で歩けるという実感にもつながります。

POINT 安心

本人の後ろから言葉をかけないようにします。突然話しかけられることで驚き、転倒につながることもあります。

第3章　移動・移乗

37

8 寝返り、起き上がり、臥床時の支援

1 寝返りの支援

　起き上がるときや体位を保持する姿勢に側臥位（からだを横に向ける体位）があります。側臥位の支援をする前にはベッド上にスペースがあるかどうかなどをしっかりと確認して行いましょう。

【寝返りの基本動作】

❶顔を動く方向に向け、両手・両足が接する面積を小さくします。

> **POINT** 安心
>
> 　からだの接する面積を小さくすると動かしやすくなります。肩甲骨が浮くように両上肢を組んでもらったり、下肢は膝を立てたり組んだりします。

❷介護者は本人の肩と腰（大きな関節）を支え、腰から肩の順番でねじれを使って横に向けます。

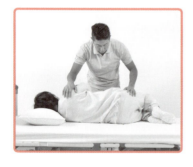

> **POINT** 安心
>
> 　側臥位になると頭が枕から外れるため、本人が苦痛な姿勢にならないように枕を動かします。
> 　先に顔を寝返る方向に向けていることで、めまいなどなく向くことができます。
> 　腰痛がある場合は、腰から肩の順番で行うと痛みの原因になるため、肩と腰を同時に横に向けます。

❸側臥位になったら、ベッドからの転落の危険がないように側臥位の姿勢が安定しているか確認を行います。

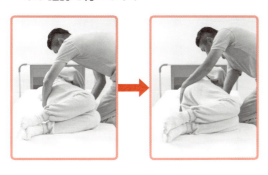

> **POINT** 安心
>
> 側臥位のままで休む場合、腰を引くと安楽な姿勢が保持できます。
> 片麻痺(かたまひ)がある場合、患側(かんそく)を下にしたまま長時間、側臥位になると血流が悪くなるため注意します。

② 起き上がり、臥床時の支援

片麻痺がある人の起き上がりの支援を解説します。起き上がりの支援、臥床時(がしょう)の（横になってもらう）支援では、ふだんのからだの動きを把握(はあく)したうえで支援を行うことで、本人の自立にもつながります。

【起き上がりの基本動作】
❶本人に側臥位になってもらい足を下ろします。

> **POINT** 安心 意欲
>
> 重たい足を先に下ろすことで上半身が起きやすくなります。ふりこの原理で（足をおろすことで）本人が起きようという気持ちになったり、起きやすくなります。介護者が足をおろす際は両手で下から支えるようにします。

<足をおろすときの手の使い方>

POINT 安心

　介護者の手の位置が違うと介護者の腰がねじれてしまうため、立つ位置が変わり本人から離れてしまいます。
　それにより、本人が転落するなどの危険につながります。

❷介護者は本人の首の下に手を差し込みます。

  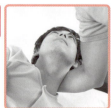

POINT 安心

　介護者の上肢（じょうし）を本人の首の下に差し込む際、本人のあご（じょう）が上がらないよう、腕枕をするように頭部を支え保持します。本人のあごが上がった状態は、動く先が見えず不安を感じたり、からだに力が入りにくい状態になるため、本人にとっては負担となります。
　介護者にとってもあごが上がった状態は、かなりの体重が介護者にかかるため注意します。

❸片手で肩甲骨を支え、もう一方の手で腸骨部を支えます。ゆっくりと介護者に本人の頭を近づけるようにして本人のからだを起こします。

> **POINT** 本人主体 安心
>
> 介護者は支持基底面積をとり、安定した姿勢で支援を行います。本人の頭を介護者に近づけるようにして起きている動作をイメージし支援します。できるようであれば、本人に肘をついて手をつく順番で起きてもらうようにすることで、本人の持っている潜在能力を引き出す支援を行います。本人の頭を離すようにして起こすと、潜在能力が引き出せない支援になることがあるため気をつけます。

❹起こしたあとは、安定した端座位になっているかを確認します。

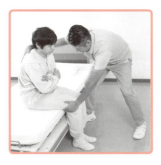 

> **POINT** 安心
>
> 座位姿勢では足底が床についているか、足が肩幅程度に開いているかなどを確認します。転落などがないように注意します。

【臥床時の基本動作】

ベッドに端座位になっている状態から手をつき、次に足を上げてもらいゆっくりと肘をつき、臥床してもらいます。

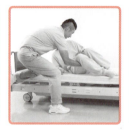

> **POINT　安心**
>
> 臥床する際は、自然なからだの動きを意識してもらうために、まず本人に肘をついてもらいます。後ろに倒れないように注意します。
>
> 介護者が後ろに倒すように支援をすると、本人にとっては今までの動きではないため、不安や負担につながります。

9　移乗の支援

移乗とは、移り座ることをいいます。いすからいす、いすから車いす、車いすからベッドなど、移乗する場面はたくさんあります。周りの環境なども確認しながら移乗の支援を行いましょう。

1 移乗動作の基本 ── 立位が不安定な場合

立位が不安定な場合にも、本人の動きを妨げない支援が必要です。

❶本人に浅く座ってもらい、車いすを近づけます。

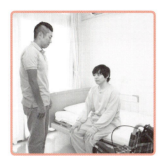

> **POINT** 安心
>
> 本人に浅く座ってもらい、車いすを近づけます。介護者は足をしっかり開き、本人の肩甲骨（けんこうこつ）と腸骨部（ちょうこつぶ）に手を当て支えることでからだが安定します。

＜車いすとベッドの位置＞

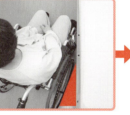

> **POINT** 安心
>
> 麻痺（まひ）がある場合は、車いすは本人の健側（けんそく）に置くことが基本です。できるだけ角度をつけないことで、本人の移乗動作の負担が軽減します。

＜フットサポートの位置＞

> **POINT** 安心
>
> 車いすを本人に無理やり近づけようとすると、フットサポートが本人の下肢（かし）にあたり、けがをする場合があります。浅く座ることにより、本人とベッドとの間にフットサポートが入る空間をつくることができます。

❷本人の肩甲骨と腸骨部に手を当てからだを支え、本人にしっかりと前傾姿勢になってもらいます。

> **POINT** 安心
> 本人の動きを制限し、前傾姿勢を妨げないよう、介護者は本人に近づきすぎないようにします。

❸前傾姿勢のまま、ゆっくりと立ち上がります。

❹車いすの方向にからだの向きを変えます。

> **POINT** 安心
> 本人の車いす側の足を一歩前へ出してもらうと、向きを変えやすくなります。その際、足を出しやすいように介護者がからだを支えておきます。

＜ズボンをつかまない＞

POINT　安心

移乗する際には、背中の腰椎の部分を固定させます。介護者が本人のズボンをつかむと腰椎が固定できません。また、下着などが臀部にくい込み、座位後に直すことができないため、本人はとても不快です。さらに、ズボンも傷めてしまいます。

❺ゆっくりと前傾姿勢になりながら座ります。

POINT　安心

介護者が本人に覆いかぶさるように座ると、反動が大きく胸部や腰部に痛みを生じることもあり危険です。反動をつけないようにゆっくりと座ります。

＜足の間に足を入れない＞

POINT　安心

拘縮などで足が開かない本人に対して、無理に介護者の足をねじ込もうとすると、本人の足を傷つけることがあります。無理に足を入れようとせずに支援するようにします。

2 膝をついての移乗方法 ── 立位の保持ができない場合

　介護者に腰痛があったり、介護者と本人に身長差があるときに活用できる方法です。また、本人にとって抱え上げられるより、負担のない支援方法です。

❶介護者は移乗する方向の膝を立て、反対の膝は床につきます。

POINT　安心

　本人に浅く座ってもらったあと、介護者は本人の足をできるだけ引き、両足のかかとを車いすの方向に向け、前傾姿勢をとりやすくします。浅く座っているため、転落がないように本人のそばから離れないようにします。

❷介護者は、本人のわきの下にからだを入れ、肩甲骨と臀部を支えます。

POINT　安心

　本人には介護者のほうにからだをあずけてもらい、できるだけ前傾姿勢をとってもらいます。介護者は本人に負担のないように、からだをしっかりと支えます。

❸介護者のからだをおこすことによって、本人の体重が前にかかり臀部が浮きます。

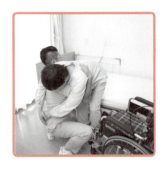

POINT　安心

　介護者のからだの動きを活用することで、本人の臀部が上がるため、本人の負担が少なくからだを浮かせることができます。

❹介護者は本人の大転子部を押して、車いすの方向に臀部を向けます。介護者が前傾姿勢になることで本人も座る姿勢になります。

POINT 安心

本人のかかとを車いすに向けることで回転しやすくなり、足の踏みかえをすることなく移乗することができます。介護者がしっかりと前傾姿勢になることで、本人も深く座ることができます。

3 介護者の大腿部に片足を乗せる方法
―― 座位・立位の保持ができない場合

座位・立位が困難である場合に、本人の体重を活用した介護者、本人双方に負担のない支援方法です。

❶介護者は本人の横に座ります。

POINT 安心

移乗しやすいように、移動する側の臀部のみ浅く座っておきます。座位がとれない本人の場合はしっかりとからだを支えます。

❷本人の片足を介護者の大腿部に乗せ、本人のからだを前方に傾けます。

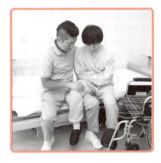

POINT 安心

本人のからだを前傾にして、介護者は向こう側のわきに手を差し入れて肩甲骨を支えます。乗せた片足は介護者の足で不安定にならないように固定します。

第3章 移動・移乗

47

＜片足を乗せるときの手の使い方＞

POINT 安心

介護者の足の上に本人の片足を乗せる際、本人の足をつかんでしまうと痛みが生じたり圧迫痕(あっぱくこん)になるため、介護者の手の甲を活用します。

❸介護者の大腿部(だいたいぶ)に本人の体重を乗せるように、本人を引き寄せます。介護者が移乗する側に移動することによって、本人を車いすへ移乗します。

POINT 安心

介護者が本人のからだを前に引き寄せすぎると、本人には恐怖心につながるため気をつけます。介護者と本人との体格の差がある場合などは、一度に移乗しようとすると双方(そうほう)にとって負担となるため、少しずつ移動をくり返すことで移乗を行います。

④ スライディングボードを活用した移乗の支援

　介護者と本人との体格の差があるときなど、介護者の腰痛予防のためにも活用できる方法です。

❶ベッドより移乗する車いす側の高さが少し下がっている状態で、しっかりと本人のからだを浮かせたところにスライディングボードを差し込みます。

> **POINT　安心**
>
> 移乗する方向のスライディングボードを低くすることで、動きやすくなります。臀部（でんぶ）を浮かせずスライディングボードを差し込むと、痛みが伴（ともな）ったり、皮膚（ひふ）を傷つけたりするため注意します。

❷スライディングボードの上に、差し込んだほうの臀部が乗っていることを確認します。介護者の片手は本人の肩甲骨（けんこうこつ）、もう一方の手は腸骨部（ちょうこつぶ）を支えます。

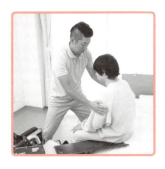

> **POINT　安心**
>
> スライディングボードを差し込んだほうの臀部に体重をかけることによって、安定した移乗ができます。

❸本人に前傾姿勢になってもらい、介護職は腸骨部を支えている手を軽く押すようにします。

> **POINT** 安心
> スライディングボードに臀部全体が乗ったときに体重を逆方向にかけ、腸骨部を奥に押すことで深く座ることができます。奥に滑らせるように座ることで、車いすの奥に座ることができ、安定した座位姿勢となるため、再度座り直しをするといった負担がなく座ることができます。

❹差し込んだときと同様に、片方の臀部を浮かせたままの状態で、スライディングボードを上に引くように抜きます。

> **POINT** 安心
> 上に引くように抜くことで、本人の座位姿勢を保つことができます。また、力ずくでスライディングボードを抜くと、摩擦などで皮膚を傷つけることがあります。特に高齢者の皮膚は弱いことを考慮し、からだを浮かせて抜くようにします。

10　車いすでの走行の支援

　ふだんから車いすを使用する人、ふだんは杖などで歩行していても、長距離になると途中だけ車いすを使用する人など、車いすの使い方はさまざまです。
　また、からだの状態に合わせてさまざまな車いすがあります。使用する人のからだの状態にあった車いすかどうか、からだの大きさに合っているかどうかなども考えな

がら正しく活用しましょう。

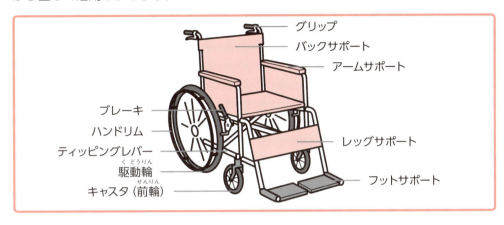

1 車いすの開き方・閉じ方

　車いすを開く際、車いすを傾けたまま開きます。閉じる際も傾けたまま閉じます。

　傾けることで車いすのタイヤの摩擦を減らし、タイヤを長持ちさせることができます。使用する環境によっては畳やカーペットなどを傷めることがありません。

＜開き方＞

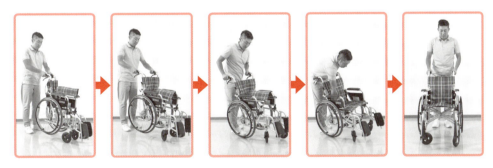

＜閉じ方＞

② フットサポートの足の位置

　正しい位置に足を乗せなければ、車いすを動かした際、本人の足（かかと）がキャスタ（前輪）に巻き込まれてしまい、傷つくおそれがあります。走行している最中も足の位置を確認するようにします。

正しい足の位置　　　　　　正しくない足の位置

③ キャスタ（前輪）の位置

　キャスタ（前輪）の向きが前向きの場合、多少体重をかけても車いすは倒れることはありません。そのため、車いすにブレーキをかけている際、キャスタ（前輪）の向きを把握しておくことで、危険を防ぐことができます。

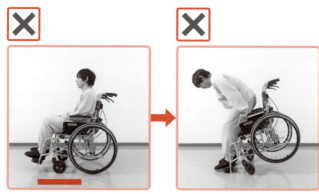

正しいキャスタ（前輪）の位置　　正しくないキャスタ（前輪）の位置

52

4 段差を越えるときの車いすの走行

❶介護者は段差があるところで一旦止まり、段差を上がることを伝えます。

> **POINT** 安心
>
> 車いすを段差に対して直角につけます。ずれてしまうと段差にうまく上がることができず、本人にも衝撃(しょうげき)を与えてしまいます。

❷介護者はティッピングレバーを踏み込み、段差の高さだけキャスタ（前輪）を上げます。

> **POINT** 安心
>
> 車いすが段差を越えるとき、本人は思っている以上に恐怖や不安を感じることがあります。安心してもらうため、本人にしっかりと背もたれに背中をつけてもらうように言葉かけをします。

❸キャスタ（前輪）を上げたら、駆動輪(くどうりん)を持ち上げ段差を越えます。介護者は力が入れやすいように重心を近づけて支援します。

> **POINT** 安心
>
> 背もたれに背中をつけておかないと転落や、バランスをくずす原因となります。そのため、本人にしっかりと背もたれに背中をつけてもらったまま駆動輪を持ち上げます。

第3章 移動・移乗

53

5 段差を下りるときの車いすの走行

❶介護者は段差があるところで一旦止まり、段差を下りることを伝えます。

> **POINT** 安心
>
> 車いすを段差に対して直角につけます。ずれてしまうと段差にうまく上がることができず、本人にも衝撃を与えてしまいます。

❷駆動輪をゆっくりと下ろします。

❸駆動輪が下りたら、ティッピングレバーを踏み込み、キャスタ（前輪）を上げたまま段差を下ります。

> **POINT** 安心
>
> 背もたれにしっかりもたれてもらいます。ティッピングレバーを踏み込んだ際、キャスタを上げすぎると恐怖や不安を感じるため、上げすぎないように気をつけます。

❹ゆっくりとティッピングレバーから足を離し、勢いをつけないように車いすを下ろします。

⑥ 下り坂のときの車いすの走行

❶本人に坂道を下ることを伝え、車いすの向きを変えます。

❷介護者はしっかりと車いすを支えながら、ゆっくりと後ろ向きに下がります。必要であれば、介護者の大腿部でバックサポートを支えながら下る支援を行います。

  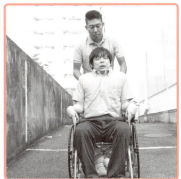

> **POINT** 安心
> 　坂道を前向きで下ると、介護者の腕の力だけで車いすを支えるようになります。かなりの力を要し、支えきれないと前方に転倒する危険性があり、本人に恐怖心や不安感を与えます。
> 　また、本人の体格や坂道の角度によっては、介護者の腕の力だけで支えることが難しくなります。介護者の大腿部でバックサポートを支えることで本人も安心につながり、介護者のからだの負担も軽減します。

7 自走の場合の支援

　車いすを自走するためには、バックサポートから肩甲骨がしっかり出ていることが大切です。また、レッグサポートを外したほうが自走しやすいため、本人のからだに合わせて車いすの準備をします。

> **POINT　意欲**
>
> 　肩甲骨が出ていない状態は、肩の可動域に制限がかかります。駆動輪を動かすことができにくくもなるため、本人にとって非常に苦痛になります。本人のからだに合った車いすにすることで駆動輪を動かすことができます。

8 こんな場面ありませんか

① 2台同時に走行する

> **POINT　安心**
>
> 　1人で2台の車いすを押す支援は、介護者と本人の双方に危険が伴います。安全のために、必ず1台ずつ走行するように支援をします。

② 必要以上に密着する

> **POINT** 安心
>
> 必要以上に密着することはとても不快に感じます。適度な距離間を保ち、不快な気持ちにならないように支援することも、本人にとっての安心につながります。

③ 言葉をかけないまま方向を変える

> **POINT** 安心
>
> 車いすの走行の際、方向を変えるときは、本人の顔を見て言葉をかけます。もしくは右に曲がる際、曲がる前に本人の右腕に触れて、曲がることを伝えることで、本人も安心します。後ろから言われてもだれに言っているのかわからないこともあります。

④ 向きを変えずに段差を越える

> **POINT** 安心
>
> 段差に対して、車いすを直角につけなければ、車いすが段差にうまく上がらず、転倒などの危険につながる操作になります。

☑ チェックリスト

	チェック項目	自己評価
1	移動・移乗の支援を行う前に環境の確認や必要物品が準備できていますか。	
2	福祉用具の使い方をよく理解して、正しく使用していますか。	
3	本人に言葉かけをしながら支援をしていますか。	
4	本人のからだ（腕や足）をつかんでいないですか。	
5	本人の立ち上がる前の姿勢の確認ができていますか。	
6	本人が立ち上がる前に、浅く座ることができていますか。	
7	本人が座る際に、姿勢の確認ができていますか。	
8	起き上がりの支援の際、本人の頭を介護者のほうに近づけるようにして起こしていますか。	
9	車いすとベッドの位置関係は正しいですか。	
10	車いすに移乗する際、フットサポートに本人の足が当たっていないですか。	
11	車いすに移乗する際、本人のズボンをつかんでいないですか。	
12	車いすに移乗する際、勢いをつけて本人を座らせていないですか。	
13	車いすのタイヤの空気圧、ブレーキの効き具合などの確認ができていますか。	
14	車いすの基本的な走行支援（段差・坂道など）ができていますか。	
15	2台の車いすを同時に押していないですか。	
16	車いすを走行する際に、必要以上に本人に密着して不快な思いをさせていないですか。	
17	本人の力（潜在能力）を活かしながら支援をしていますか。	
18	本人の意欲や安全・安楽を意識した支援をしていますか。	
19	すべての移動・移乗の支援について、介護者の力任せにしていないですか。	

【評価　　できている〇、まあまあできている△、できていない×】

食事

1　食事の支援で大切なこと

　食事は、健康を維持し生活エネルギーを生み出すだけでなく、生活のなかでの「楽しみ」となります。人は好きなものや美味しいものを食べるとき、幸せな気持ちになります。だれとどのような雰囲気で食べるかで、食事に対する満足度も変わります。また、同じメニューでも、人によって好みの味つけや温度、食事環境などさまざまです。介護を必要とする人（以下、本人）が今までの人生でつちかってきた食事の習慣や好み、価値観を大切にすることを忘れないようにしましょう。

　食事の支援にはたくさんの危険が伴い、誤った姿勢や支援方法で誤嚥や窒息の危険性が増えます。しかし、危険があるからと、介護者が安易に支援を行うことは本人の生活意欲を低下させることもあります。それは、食べることは生命の維持だけでなく、自分らしく生きる意欲を支えることでもあるからです。誤嚥や窒息などの事故を防ぎながらも、好きなものを自分の手を使い、自分の好きな方法で食べ続けることができるように支援していくことが大切です。

2　食事の支援を行う前に

1 食事の環境

① 美味しく食べられる環境づくり

　一人ひとり食事に対する習慣や価値観、好みがあります。また介護を必要とする人のなかには、自分だけが食事をして申し訳ないといった気持ちになる人もいます。それらを把握して、食堂の雰囲気や楽しい会話など食欲が増すような環境づくりを心がけましょう。

確認しよう！

・食堂の照明には食べ物が見えやすいようなものを選びます。
・食事ができるように騒音になるものは避けます。
・安心して食事ができるように、いつも座る場所を決めておきます。
・家庭的な雰囲気が出て食欲も増すように、ランチョンマットや陶器の器、昔から愛用していた食器類などを使うようにします。
・温かい食べ物は温かいうちに、冷たいものは冷たいうちに食べることができるよう、配膳のタイミングに注意をします。

② 食欲をそそる工夫

　人は味覚だけで食事をしているのではありません。食事をつくる音やにおい、介護者が本人にメニューを伝えることで、意識的に食事に対する意欲が増すこともあります。視覚、嗅覚、味覚、触覚、聴覚を活用して、美味しく食事ができるように支援しましょう。

　また、高齢になると口の渇きを感じにくくなったり、排尿が頻回になることを避けるために水分を控えたりする傾向があります。そのため、本人が選べるように複数の飲み物のメニューを準備したり、水分を提供するタイミングを考えるなど、主体的に水分を摂取してもらえるような工夫を行いましょう。

2 食事に必要な福祉用具

　麻痺や筋力低下などがあっても、自分の力で食事をすることはとても大切なことです。自分で食事ができることで生活意欲が向上することも多くあります。本人がスムーズに食事をすることができない場合でも、すぐに支援をするのではなく、福祉用具を活用するなど可能な限り自分で食べられるように支援しましょう。

■ 固定箸

箸がうまく使えなくなったり、ふるえが出るようになったり、利き手交換を行ったりした人などが使用することで、食べ物がつかみやすくなります。

■ シリコンスプーン

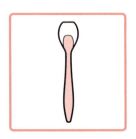

スプーンを噛んでしまったときでも口の中を傷つける心配を軽減することができます。また、金属スプーンに比べ、皿の中で食べ物が集めやすくなります。

■ 多機能スプーン

手や口まで運ぶ動きの制限などに合わせて、スプーンの柄や首の部分を変えて使用することができます。スプーンの柄は太いほうが、麻痺や握力が低下している人には握りやすいです。

■ 角度つきの食器

皿に角度がつくことによって、食べ物を寄せてスプーンですくいやすくします。片麻痺がある場合は、患側に角度がついている方向をもっていきます。

■ 取っ手付きの椀

椀に取っ手を付けることで、細かい指先の動きを少なく椀を持つことができます。

■ 滑り止めマット

片麻痺などがある場合、食器を支えることができないと、箸やスプーンに力が入りにくく、食べ物が滑って食べるのが難しくなります。滑り止めマットを使用することで、食器が滑るのを防ぎます。

■ U カットコップ

鼻に当たらないようにコップの縁(ふち)がカットされているので、頭をまっすぐにしたままでも飲みやすいコップです。飲むときにあごが上がらないため、むせ込みやすい人に適しています。取っ手も取り外しができるので、調整が行いやすいです。

■ ストロー付きコップ

コップを口元まで持っていくことが難しい人は、ストロー付きのコップを使用すると飲みやすくなります。また、ふたが付いていることによって、傾けすぎてもこぼれないので、手がふるえてしまう人などにも使用します。

③ 食事のときの姿勢

① 介護者の姿勢

介護者は必ず座って支援します。

POINT 安心

立ち上がって支援を行うと、あごが上がり食べ物が飲み込みにくく、誤嚥しやすくなります。

② 基本姿勢（テーブル、いすの高さ）

本人の肘や膝が直角になる高さのテーブルやいすを選びます。

POINT 安心

　前かがみの姿勢になることで、気道がせばまり食道が広がるため、誤嚥しにくくなります。
　逆に後ろに倒れたような姿勢になると気道が広がるため、食べ物が誤って気道に入りやすくなってしまいます。

POINT 意欲

テーブルが高すぎることで、食事内容が見えづらく食べにくいため、食欲が低下することもあります。

③ 車いすに乗ったまま食事するときの姿勢

　車いすに腰をかけた状態で食事をする場合でも、食事の姿勢は同じです。しかし、車いすの座シートは後ろに体重をかけて座位が安定するように、前方が高めにつくられているため前傾姿勢になるのが難しいです。また、長期間使用した座シートはたわみができるため、臀部が沈んでしまい座位が不安定になります。

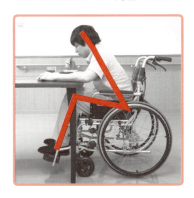

> **POINT　安心**
> 座位が不安定な状態で食べることにもつながるので、きちんといすに移乗して食事をしてもらうように支援します。

④ 車いすのシーティング

　車いすで食事をしないとならない場合は、フットサポートから足を下ろし、タオルを活用して仙骨を支えることで、座位の安定を図ることができます。

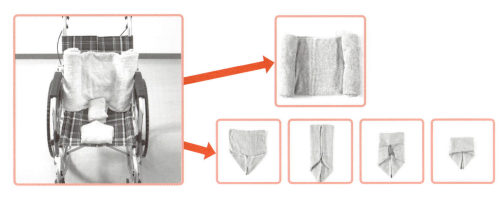

3　食事の支援

1　食事の支援

　本人の健康状態によってベッド上で食事の支援をする場合もありますが、ここでは食堂で座って食事をすることを基本に解説をします。

❶食事をすることを説明します。
❷配膳（はいぜん）の準備ができたら、座ってもらいます。エプロンを使用する場合もあります。

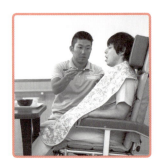

> **POINT　本人主体**
> ・エプロンを使用することで、食べこぼしを気にせず自力で食事ができます。しかし安易に使用すると、食べ物をこぼさないようにする意識が乏（とぼ）しくなり、前傾姿勢が保てなくなる場合もあります。
> ・エプロンでのどの動きが見えにくく、嚥下（えんげ）状態を確認するのが難しくなります。本人の食事摂取（せっしゅ）の状態をしっかりと把握（はあく）してエプロンを使用します。
> ・食事をすべて介護者が支援する場合は、エプロンは使用せず、衣服が汚れないように注意して支援を行います。

❸座位の安定を確認します。

 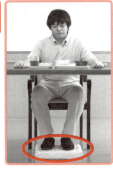 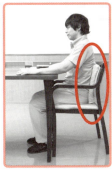 

POINT 安心

- 足底が床についていないと、全身に力が入りにくく、咀嚼力の低下につながります。本人のからだに適したいすを使用します。
- 足底がつかない場合は、足台を使用したり、足底がつくようにいすに浅く座ります。背中にクッションを入れると座位の安定が図れます。

❹配膳を行います。

＜利き手が右手の場合＞

POINT 本人主体

片麻痺のある人の場合、箸やスプーンは持ちやすいように置きます。利き手が右手の場合は箸やスプーンの持つ部分が左側に、利き手が左手の場合は持つ部分が右側になるように置き、食べる際に持ち替えることにならないようにします。

❺本人の状態に合わせて必要な支援を行います。

＜食事の支援は1対1＞

> **POINT** 安心
>
> 食事の支援は1対1で行います。複数の人に対し一度に支援をすると、逆手での支援になることや、本人の嚥下・咀嚼の確認が行いにくく、誤嚥のリスクが高まります。

＜介護者の位置（麻痺がない場合）＞

> **POINT** 安心 生活習慣
>
> ・生活スタイルの継続のため、介護者は本人の利き手側に座って支援をします。横に座って支援をすることで、嚥下・咀嚼の確認が行いやすく、本人と同じ方向から食べ物を見ることで、本人からどのように見えているのかを確認できます。
> ・反対方向から支援をした場合、逆手での支援となり箸やスプーンが抜けにくいため食べにくく、あごも上がることで誤嚥のリスクが高まります。
> ・正面から支援をすると、本人は介護者から見られているという圧迫感を感じやすくなります。食事の見守りを行う際は、本人が見られていると感じない支援が必要です。

＜介護者の位置（右麻痺がある場合）＞

> **POINT** 安心
>
> 片麻痺がある場合は、介護者は患側から食事の支援を行うことで、健側に食べ物が運ばれ誤嚥しにくくなります。

＜箸の角度＞

> **POINT** 安心 生活習慣
>
> 自分で食事をするとき、箸先は口元の前で上向きになり自分のほうを向きます。支援が必要な人にも同じように支援を行うことが大切です。また、食べ物を上から運ぶと、自然とあごが上がり誤嚥のリスクが高まるため、下から運びます。

＜食べる量＞

POINT 安心

・誤嚥などにつながらないように、一度に口に運ぶ量は少なめにします。1回の量はスプーン3分の1程度が目安です。
・飲み込んだことを確認してから食べ物を運び、余裕をもって支援をします。

❻食事後は、水分を摂ってもらいます。

 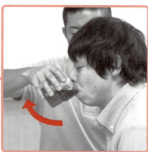

POINT 安心

コップを下唇に軽く押し当て、介護者のわきを上げるようにしながら水分を摂ってもらうと、本人のあごも上がりにくく水分が摂りやすいです。

❼口元などを清潔にします。食べ物がうまく運べなかったり本人の口からこぼれてしまった場合は、おしぼりでこまめに拭きます。

> **POINT** 安心
>
> おしぼりは同じ方向に拭くのではなく、両側から拭くようにします。本人にとっては同じ方向に拭かれると汚れが移動しただけで、拭き取られていない感覚が残ります。

② こんな場面ありませんか

① 食事の支援での言葉かけ

　食事の支援をするうえで、全量摂取（10/10）が介護者の目標となり「がんばってご飯を食べましょう」と言葉かけをしていることはありませんか。日常生活のなかで「がんばって食事をする」ということはあまりない場面です。だれしも食欲がない日もあれば、嫌いなメニューが出たからと食べたくない日もあるはずです。なぜ食べることができないのかを、まずは考えることが大切です。

② 1人でさみしい食事環境

　せき込みがあることや、ほかの人のご飯をとってしまうなどの理由で、1人で食事をしている環境をつくっていませんか。
　トラブルにならないように介護者が配慮をすることで、みんなで食事ができることにつながります。

③ 本人にエプロンを着けるタイミング

配膳(はいぜん)まで時間があるのに、早くから食事用エプロンを着けて待ってもらうことはないですか。配膳を待つ環境への配慮(はいりょ)や工夫も、美味しく食事をすることにつながります。エプロンは配膳のタイミングで着けるようにしましょう。

④ 車いすからいすへの座り直しのタイミング

食事は、車いすからいすに座り直していたほうがよいですが、本人のタイミングで車いすに戻れていますか。それが苦痛でいすに座り直すことが嫌な人もいるかもしれません。介護者は本人の食事が終わったタイミングで車いすに移る言葉かけをして、本人が待たされているという思いを抱(いだ)かないように支援することが大切です。

ちょっと職員さん自分では車いすに乗れないよ。

⑤ 食べ方にも個性がある

人によって、ご飯から食べる人もいれば、みそ汁から食べる人、お茶から飲むという人もいます。本人の食べたい順番を確認できていますか。また、本人にアレルギーがあったり、治療食(ちりょうしょく)により食べることができない食材があることを知っていても、好きな食べ物は知らない介護者もいるかもしれません。食事の支援をされるようになると、受け身的になり、嗜好(しこう)や食事習慣を介護者に伝えにくくなります。嗜好や食事習慣は人それぞれだということを忘れず、介護者の嗜好や習慣で支援することのないようにします。

⑥ 美味しさを損なう食べ方

「食べやすいから」「むせないから」という介護者の都合を理由に、ご飯とおかずを椀の中で混ぜたり、ご飯に薬をふりかけたりしていませんか。食事形態や食器の検討をしたり、薬を飲むのが難しい人の場合は服薬ゼリーを活用するなど、美味しさを損なわない工夫をするようにします。

⑦ 介護者の無意識なスプーンの使い方

本人が飲み込む前に、介護者が次の食べ物を皿の中でスプーンを使ってカチャカチャと寄せ集めていませんか。そういった行動で、本人は早く食べなければならないとプレッシャーを感じてしまいます。

また、介護者はスプーンに乗せた食べ物をきれいに本人の口に運びたい思いから、過度にスプーンを上に引いていませんか。上口唇にスプーンが過度に当たり、本人はとても不快な思いをします。スプーンは本人のあごが上がらないように自然に抜くようにします。

4 口腔ケア

① 口腔ケアをする前に

　口腔(こうくう)ケアには、むし歯や歯周病、口臭の予防だけでなく、生活習慣としての役割もあります。口腔ケアをすることによって、食べることやほかの人と話すことをサポートし、ＱＯＬ（生活の質）を向上させることができます。

　口腔ケアを行う際に忘れてはいけないことは、口の中を介護者に見せることを恥(は)ずかしいと感じる人もいるということです。特に食べ残しがたくさんある口の中を見せてもらうことや、歯ブラシで磨(みが)く支援をする際は、羞恥心(しゅうちしん)への配慮(はいりょ)が大切です。

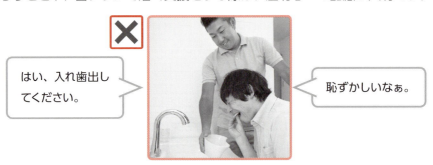

はい、入れ歯出してください。

恥ずかしいなぁ。

② 口腔ケアで使う道具

■ 歯ブラシ

柄(え)がまっすぐで、毛先が柔らかくコンパクトなものが歯茎に負担がなく磨きやすいです。歯の表面は、歯面に対して45度に歯ブラシを当てます。歯と歯の間や歯茎は、毛先を歯と歯茎の境目に当て、細かく1本ずつ磨きます。

■ スポンジブラシ

頬(ほお)の内側や唇の内側、歯茎、上あご、舌などの汚れを取り除くことができます。うがいが難しい人に適しています。口の中を傷つけないように濡(ぬ)らした状態で使用するため、誤嚥(ごえん)の危険性がある人には十分注意が必要です。

■ 舌クリーナー

一度に舌の汚れを取ろうとすると、出血や嘔吐反射の原因になるので、数回ずつに分けて無理なく磨きます。

■ 歯間ブラシ

歯間ブラシを使用することで、歯ブラシでは取りきれない歯垢を取ることができます。本人の歯間に合わせて大きさを選ぶ必要があります。

3 口腔ケアの基本

① 口腔ケアでの介護者の姿勢

　介護者は時間に余裕をもって実施します。いきなり口の中を見せることに対し抵抗感がある人もいます。会話や、上半身を動かすなどの準備体操をすることで緊張感や抵抗感をやわらげるようにします。

　そして、本人も介護者も座った状態で口腔ケアを行います。誤嚥防止と介護者にゆとりをもつためにも、いすに座って口腔ケアを行いましょう。

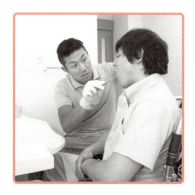

> **POINT** 安心
>
> 介護者が立った状態で口腔ケアを行うと、本人のあごが上がり誤嚥しやすい状況となります。

② 使い捨て手袋を使用する

介護者の手指にある傷口などから感染をしないためにも手袋を着用します。

> **POINT** 安心
> 感染を拡大させないためにも、使用した手袋は1人ずつ交換します。

③ 道具を適切に使用し口腔ケアをする

汚れがたまりやすい部分を把握(はあく)し、歯ブラシ以外の道具も適切に使用しながら口腔(こうくう)ケアを行います。

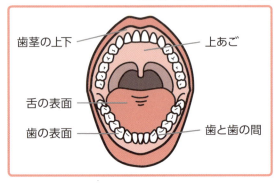

汚れがたまりやすい部分
- 歯茎の上下
- 上あご
- 舌の表面
- 歯の表面
- 歯と歯の間

④ 麻痺がある人の口腔ケア

麻痺(まひ)がある場合、舌が患側(かんそく)に曲がり落ち込むことや、舌の動きが鈍(にぶ)くなります。そのため食べ残しが溜まり汚れやすくなります。

> **POINT** 安心
> 介護者はていねいに口の中を観察し、ケアを行います。口角(こうかく)が締(し)まらずうがいがうまくいかない場合は、スポンジブラシなどを活用します。

⑤ 口腔内の観察をする

介護者は、本人が自力で口腔ケアを行えていたとしても口腔内の観察を怠(おこた)ってはいけません。最後の確認をきちんと介護者が行うことによって、本人にとって「自分を大切にしてもらっている」という気持ちにつながります。そして、口腔内トラブルの早期発見に努めることが、いつまでも口から美味しく食事をすることにつながります。

☑ チェックリスト

	チェック項目	自己評価
1	食事の際、楽しい会話の環境がありますか。	
2	食べ物のにおいなど、本人の食欲が増すための環境が整っていますか。	
3	本人の生活リズムに合わせた食事時間を把握していますか。	
4	本人の好みや食習慣を把握していますか。	
5	本人の目が覚めていることを確認していますか。	
6	食事の前に排泄を済ませ、本人が気持ちよく食べることができる準備はできていますか。	
7	本人に合った高さのテーブルやいすを使用し、基本姿勢を確認していますか。	
8	本人が自力で食べられるように工夫ができていますか。	
9	本人の食べやすい位置から支援ができていますか。	
10	介護者は座った状態で、1対1の支援ができていますか。	
11	食事の支援の際、箸やスプーンの使い方は正しいですか。	
12	本人のペースで食事ができる雰囲気づくりができていますか（本人への言葉かけ、態度など）。	
13	本人に適した食事の支援を検討し、統一した支援が提供できていますか。	
14	介護者は座った状態で口腔ケアを行えていますか。	
15	羞恥心に配慮し、口腔ケアを行えていますか。	

【評価　　できている〇、まあまあできている△、できていない×】

排泄

1 排泄の支援で大切なこと

　人が生きていくなかでも、とりわけ排泄行為は、最後まで他人の世話にならず自分で行いたいとだれもが思っています。そのため、何らかの理由で排泄行為が行えなくなったとき、介護を必要とする人（以下、本人）のつらさや恥ずかしさといった気持ちを十分に理解して支援することが大切です。排泄行為は暮らしの基本であり、社会とのつながりの面でも大きくかかわってきます。いつ漏れるかわからない、あるいはすぐにトイレに行きたくなるといった症状をもっていると、外出への不安があるなど精神面への影響は大きいです。

　気持ちよく排泄を行うためには、まずは本人の不安を受け止め、排泄習慣を知ることが欠かせません。それにより、今までの排泄を継続することや取り戻すことにつながります。さらには、障害の特性による漏れやからだの動きも把握する必要があります。本人の理解をとおして過不足なく支援することや福祉用具を選定することで、今まで行っていた排泄習慣を少しでも取り戻し、本人の安心へとつながるようになります。

2 排泄の支援を行う前に

1 排泄の環境

　排泄を行う環境は、プライベートな空間です。プライバシーを守り、本人の羞恥心に配慮された、落ち着いて排泄ができる環境が大切です。そのため扉がカーテンで

人の気配を感じやすいため配慮が必要です。また、障害の特性があっても排泄が行いやすい環境が必要です。

確認しよう！
- L字型手すりは、便座への移乗や立ち上がり、便座に座った位置のバランスに合わせて取り付けます。
- 洋式便器のほうが移乗や立ち上がりを容易に行うことができます。
- ドアは引き戸か、外開きに内側で倒れてしまう場合に備えて、外から開けやすい外開きのドアにします。
- 段差をなくし、支援が行いやすいようにスペースが広いようにします。
- ゴミ箱は、感染予防や消臭のためにふた付きを準備します。

2 排泄のリズム

　排泄の支援をするにあたっては、まずは本人の排泄のリズムを知りましょう。本人の排泄のリズムを知るためには、水分摂取量、排尿の量、排便の量と形状などの記録を最低3日はつけるようにします。ただし、排泄のリズムとはその時間に行くという決まりではありません。その日その時々で体調は違うため、定時に排泄の支援をするのではなく、随時に排泄の支援をするという姿勢が大切です。

③ 排泄方法の各段階

　排泄方法の各段階については、本人の病気や障害の状態に応じた排泄方法を選択し、提案します。日中はトイレ、夜間はポータブルトイレを使用するなどの工夫をすることが大切です。介護者の都合で安易に排泄方法を変えることは、本人の排泄機能を低下させるだけではなく、生活意欲の低下にもつながります。トイレまで行くことができない理由を把握し、福祉用具の活用やトイレ環境の整備などでトイレでの排泄が可能になるような工夫をすることが大切です。

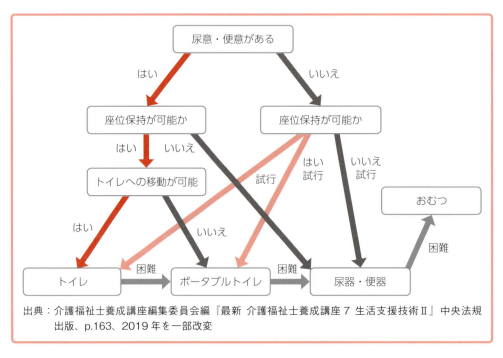

出典：介護福祉士養成講座編集委員会編『最新 介護福祉士養成講座7 生活支援技術Ⅱ』中央法規出版、p.163、2019年を一部改変

④ 排泄に必要な福祉用具

■ 尿器

男性用

女性用

尿器には男性用、女性用があります。ベッドから起き上がって排尿をすることが難しいときに使用します。

■ ポータブルトイレ

ベッドから起き上がることはできても、トイレまでの移動が難しいときに使用します。本人の身体状態や好みに合わせて、高さ調節が可能なものやアームサポート、便座の素材・外見などに配慮します。

■ 尿とりパッド

排泄物の量や性状、日中・夜間の状況を考慮して選びます。尿量が多い場合には、吸収量が多いものにします。パッドの構造上、2枚重ねるとギャザーの役目を弱めてしまい、漏れを起こしやすくなります。また、パッドの裏面は防水シートで覆われているため、下のパッドに尿は吸収されず漏れてしまいます。

■ 紙パンツ

下着のように履き下ろしができます。しっかり尿を吸収するタイプや消臭効果のあるタイプなど、種類は豊富にあります。立ったり座ったりできる人に適しています。

＜紙パンツの開き方＞

第5章 排泄

■ おむつ

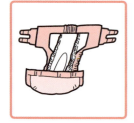

寝たままの状態でおむつ交換をしやすい構造になっています。おむつを選ぶときは、本人に合わせたサイズを選ぶことが大切です。サイズが大きいと漏れの原因になるため本人の骨盤に合わせて選びます。安易なおむつの使用は本人の尊厳を傷つけ、活動への意欲を低下させることにもなるので、慎重に検討します。

5 感染予防

①排泄物を取り扱うときには、手袋をします。

②手袋を使用する際の注意点は以下のことが考えられます。

・汚染された手袋は1回ごとに交換する

・長時間使用して汗をかいた場合には交換する（毛穴の中の常在菌が浮いてくる）

・汚染された手袋で、他の環境表面や物品に触れない

・手袋の使用は、手洗いの代用にはならない

出典：賀来満夫監、東北感染制御ネットワークベストプラクティス部会：介護のための感染管理編集委員会編『イラストで理解する福祉現場の感染対策』中央法規出版、p.28、2010年

＜手袋のつけ方＞

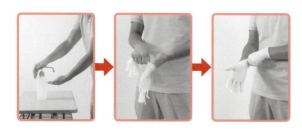

＜手袋の外し方＞

3 排泄の支援

[排泄行為の一連の動作]

⑬流す

⑭手を洗う

⑮トイレから出る

①尿意・便意

②立ち上がる

③移動

④トイレの場所の認識

⑫衣服を整える

排泄行為は、排泄そのものの支援だけでなく、さまざまな支援の技術・知識が組み合わさっています。どの段階ができないかを知ることによって、アプローチの方法が変わっていきます。
排泄前後の状態をしっかりと把握し、本人に合った方法を選択しましょう。

⑤ドアを開ける

⑪ズボンを上げる

⑩後始末（拭く）

⑨トイレットペーパーを取る

⑧排尿・排便

⑦ズボンを下げる

⑥ドアを閉める

1 排泄の支援 —— トイレを使用した場合

　何らかの方法で移動ができ、座位姿勢がある程度保てることができればトイレでの排泄が可能です。ここでは上記で示した排泄行為の一連の動作をもとに解説します。
　また、支援に必要な物品は排泄の支援を行う前に準備しましょう。必要なときに必要なものがないと、本人に恥ずかしい思いを抱かせることにつながったり、寒いなか待たせるなど心地よく排泄ができない可能性があるので気をつけましょう。

① 尿意・便意を感じる

POINT 安心

周りに人がいる場合、その言葉かけによって本人が恥ずかしくないように配慮します。本人への言葉かけや介護職のかかわり1つひとつが本人との信頼関係につながります。

② トイレの場所に行く

POINT 安心

トイレまでの誘導が必要な場合、本人の状況の気持ちに寄り添った言葉かけを行います。本人の生活背景をもとにトイレ表示の工夫や、居室からトイレまでの案内表示の工夫で認識ができることもあります。また、車いすの人であれば、トイレの上に案内があるよりも、下に案内があるほうが認識しやすい場合もあります。

③ ドアを開ける

POINT 本人主体 安心

ドアの開閉をするときに、開き戸の場合、扉の幅の分だけ前後に移動しないと開閉ができません。また、扉の取っ手を持ったまま移動するのは車いすの人にとって大変な労力を伴います。そのため、開き戸にすることでスムーズに開閉ができます。

④ ズボンを下げる

> **POINT** 安心
> ズボンを下げる支援では、迅速な対応が求められます。一方で、恥ずかしい気持ちに配慮したアプローチも必要です。介護者はズボンを下げる支援がいつものことになりがちなので留意が必要です。

＜ズボンの下げ方＞

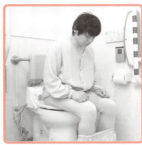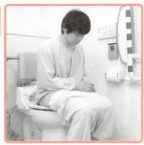

> **POINT** 安心
> 膝下までしっかりとズボンを下げないと、座り心地が悪く、排尿の際に尿でズボンが汚れる場合があります。
> 排泄後は、立ち上がる前にズボンを膝上までしっかりと引き上げておくことで、ズボンを上げやすくなります。

⑤ 排尿・排便

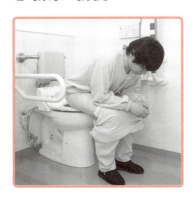

<排泄時の姿勢>

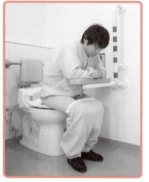 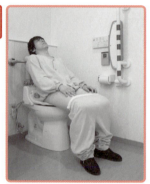

> **POINT** 安心
>
> 　前傾姿勢になり足底を床につけます。前傾姿勢の安定を容易にするため、福祉用具を利用すると前傾姿勢にしやすくなります。
> 　足底が床につかない場合は、足元に台を置くことで安定した排泄の姿勢を確保できます。また、足を引き、かかとを浮かせる（つま先がつくくらい）ことで、下腹部に力が入り排泄しやすくなります。

<プライバシーの配慮>

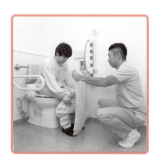  

> **POINT** 安心
>
> 　ポータブルトイレの使用時など、必要に応じてひざ掛けを使用しプライバシーに配慮します。片麻痺がある場合には、ひざ掛けの輪を手前にすることで、タオルとタオルの間に手が入ることなく拭き取りやすくなります。ひざ掛けを折って使う場合にはかける向きにも注意します。

＜支援する場面での見守り＞

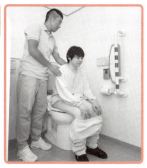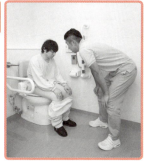

> **POINT** 本人主体 安心
>
> 　介護者が視界に入ると、恥ずかしさで集中力が低下し、排泄意欲がなくなる場合があります。その場から離れることが難しい人に対しては、視界に入らない位置で見守ることが大切です。

⑥ トイレットペーパーを準備する

> **POINT** 生活習慣
>
> 　トイレットペーパーの準備にも、本人の生活習慣が関係しています。本人に確認してから準備をするようにします。

⑦ 排泄物を確認する

> **POINT** 安心
>
> 　排泄状況を本人に確認してもらう必要があります。本人に確認してもらうことが難しい場合、介護者が確認する必要があります。その際には具体的に言葉にして示したりしないなどの配慮が必要です。

⑧ 手を洗う

> **POINT** 安心
>
> 一部支援が必要な人の場合、手を隅々（すみずみ）まで洗えているか、ときには確認が大切です。きちんと洗えていないときは本人に伝え、安心に過ごせるようにします。

2 排泄の支援 —— おむつを使用した場合

① おむつの使用について

　おむつの使用は、座っているときの姿勢をくずしたり動きにくくなったりするなど、日常生活動作（ADL）に影響が出ることがあります。おむつに頼らざるをえない状況かどうかを再度検討し、適切な排泄（はいせつ）手段を選択することが大切です。

② おむつを当てる基本動作

❶カーテンなどで周囲から見えないように羞恥心（しゅうちしん）に配慮（はいりょ）します。おむつの交換時にはバスタオルなどを使用し、介護者からも見えないようにする工夫をします。

❷おむつの準備をします。

＜おむつの開き方＞

＜パッドの開き方＞

POINT 安心

ギャザーを立てるように両手でやさしく開きます。勢いよく振って開くとポリマーがよれて、吸収力が低下します。

＜おむつのギャザーとパッド＞

POINT 安心

おむつからパッドがはみ出すとおむつのギャザーを寝かすことになり尿漏れの原因になります。はみ出さないことで、おむつとパッド両方のギャザーが立ち上がり、尿漏れを防ぎます。

❸おむつのギャザーを立ち上げ、鼠径部にそわせながらギャザーを立てて当て、おむつの中央が尿道口に当たるように装着します。

POINT 安心

鼠径部が緩みすぎると横漏れの原因となるため、おむつのサイズに注意します。また、おむつの装着がずれると足が閉じにくくなるなど座位姿勢がくずれるため、適切に装着するようにします。

第5章 排泄

❹テープを留めます。下側は斜め上向き、上側は斜め下向きに留めます。

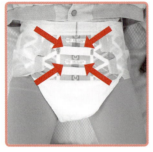

> **POINT** 安心
>
> 斜めに留めることで、からだにフィットします。留めたあとは、鼠径部にそわせて、介護者は指を入れて上下に動かし圧抜きをします。鼠径部の圧迫感が解消されます。

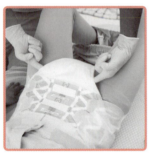

❺ウエストがきつくないかを確認します。

> **POINT** 安心
>
> ウエストがきつくないかを確認し、指先が少し入る程度のゆとりをもたせることが理想です。衣服の裾がおむつとお腹の間にはさまっていると、衣服が汚れる可能性があるため注意します。

3 こんな場面ありませんか

① トイレの場所がわからない

　今すぐトイレに行きたいにもかかわらず、探してもトイレの場所がわからない状況では、安心して暮らすことにはつながりません。そのときの本人の状況や気持ちに寄り添った言葉かけを行うなど、本人がトイレだと認識できる工夫も必要になります。

② プライベート空間であることの認識

　トイレはプライベート空間です。しかし、安全への視点ばかりに目がいき、鍵を閉めないなどといった行為は、本来のプライベート空間が失われてしまいます。鍵を閉めていることに対しては、介護者視点の言葉かけにならないようにしましょう。

③ トイレットペーパーの準備

　トイレットペーパーの質や使い方にこだわりはありませんか。この場面にも生活習慣の影響がかかわっていたりします。昔は使用1回分の大きさで売られていた時代もあります。介護者がトイレットペーパーを本人に渡したとき「もったいない」と言われたり、半分にちぎったりする場面には、本人の生活習慣がかかわっているかもしれません。本人が見せる動作の1つひとつに生活習慣があることを念頭におくことが大切です。

④ 排泄物の確認

　本人に排泄物を確認してもらうことが難しい場合、介護者は「いいのがでましたね」と具体的に示しながら言葉をかける場面があります。いくら介護者でも本人にとっては他人から言われていることになり、恥ずかしい気持ちになるため、言葉を選び配慮することが大切です。

⑤ 排泄物の漏れ

　紙パンツ、おむつを使用しているのに漏れる場合には、さまざまな原因があります。漏れた場合、どこからどのように漏れたのかを確認することが大切です。漏れたときの体勢や、おむつやパッドがどのような位置になっていたかを見ることも大切に

なります。原因は以下のことが考えられるため気をつけましょう。

- ・サイズが合っていない
- ・ギャザーを立てていない
- ・紙パンツ、おむつ、パッドの組み合わせが悪い
- ・尿量とパッドの吸収力が合っていない
- ・適切な使用法、当て方ができていない

　また、おむつの当て方が適切でなく排泄物（はいせつぶつ）が漏（も）れてしまい、介護者同士で指導する場面があります。その際は、指導された介護者にではなく、まずは本人に謝るようにしましょう。

☑ チェックリスト

	チェック項目	自己評価
1	事前に必要物品を確認し、本人が安心して排泄できる環境を整えることができていますか。	
2	本人の障害の程度に応じて、手すりや便座の高さなどの環境の整備ができていますか。	
3	介護者は感染の予防のため、「1ケア1手洗い」が確実にできていますか。	
4	本人の排泄のリズムを把握できていますか。	
5	本人が尿意・便意の訴えがあったときは、待たせないような配慮をしていますか。	
6	介護者が支援しやすい方法を選択するのではなく、本人の思いを尊重した支援ができていますか。	
7	本人の力（潜在能力）を活かした支援ができていますか。	
8	本人の障害の程度に応じて、排泄の支援の工夫や福祉用具の選択ができていますか。	
9	パッドのギャザーを立てて使用することができていますか。	
10	女性の場合は、尿路感染症防止のために、恥骨部から肛門に向け、拭くことができていますか。	
11	必要に応じて洗浄や清拭を行い、皮膚の異常の発見や褥瘡の防止ができていますか。	
12	介護者は、本人の尿漏れや排泄の失敗などへの言動には十分注意し、叱責していないですか。	
13	本人のプライバシーの保護に十分配慮し、支援が行えていますか。	

【評価　　できている〇、まあまあできている△、できていない×】

第5章 排泄

入浴

1　入浴の支援で大切なこと

　入浴はからだの清潔と感染防止、血行促進や保温、生活意欲の向上、リラックスできることでぐっすり眠れ、便通がよくなる、食欲が出るなどの効果があります。一方で人によっては体力を消耗したり、疲労を伴ったりするなどの身体的変化のほか、転倒やけがなどの事故につながる可能性もあることも忘れてはいけません。心身ともにリフレッシュでき、介護を必要とする人（以下、本人）に心から「気持ちよかった」と言ってもらえるようにします。そのためには、個々の希望や今までの生活習慣を大切にし、健康状態に合った方法で安全・安楽な入浴時間を提供するようにします。

　清潔さや入浴習慣には個人差があります。支援が必要となっても、今までと同じように入浴したい本人の気持ちに寄り添い、できるだけ個々の清潔感を尊重し、入浴習慣を守っていける支援を行いましょう。

2 入浴の支援を行う前に

1 入浴の環境

脱衣室、浴室の温度は介護者が暑いからといって下げることは適切ではありません。体感温度に違いがあることを認識しましょう。温度としては22℃～26℃に設定しておきます。

急激な温度の変化は血圧の急激な変動を招き、心臓などへの負担がかかることもあります。脱衣室はヒーターなどであらかじめ温めておいたり、浴室はシャワーの湯をしばらく出したままにしたりと温度差には気をつけましょう。また、脱衣室や浴室の床は滑りやすいので足元が滑らないように工夫をします。

2 入浴に必要な福祉用具

■ シャワーチェア

浴室で使用するいすです。高さが調節でき、背もたれがあるものとないものがあります。背もたれがあるものは肘置きが付いてあり、座る姿勢が不安定な人が使用すると安全面への配慮ができます。

■ 滑り止めマット

浴槽の底は滑りやすく、立ち上がる際に転倒する可能性が高いです。裏面に吸盤のついたマットを浴槽の底へ敷くと、滑り止めの効果があります。置いただけではマットが浮き上がることもあるため、吸盤を底へしっかりと密着させます。

■ バスグリップ

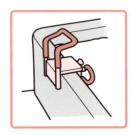

浴槽の縁をはさんで固定し、取り外しができる簡易の手すりです。手すりの取り付けが難しい場合に使用します。また、手すりの縁が持ちにくいときに使用すると、バランスをくずしにくく、姿勢を保つことができます。

■ バスボード

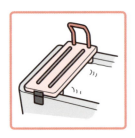

浴槽の縁にボードを置くことで、座ったままの状態でシャワーチェアなどから臀部を移動します。安定した姿勢をとりながら浴槽の中に出入りすることができます。

■ ループ付きタオル

片麻痺がある場合にも使用しやすいタオルで、輪に患側の手を通すと背中を自分で洗うことができます。

■ 浴槽台

浴槽が深く足が届かないときや、足を高く上げて浴槽をまたがなければならないときに、浴槽の底に置くと出入りを楽に行うことができます。また、湯に浸かるとき、浴槽台をいすとして使用すると、立ち上がりやすくなります。

③ 入浴の準備

① 確認と観察

- 本人の思いを聞かず、介護者が入浴をするかしないかの判断を行なわないようにします。
- 本人の表情や顔色を確認し、いつもと違う状態であるときは、自分で判断せず看護師等に報告をします。
- 空腹時は脳貧血を起こしやすく、食後すぐに入浴をすると消化・吸収が妨げられるので、からだへの負担を考えて、本人と入浴する時間を相談して決めます。
- 体調不良の場合は、本人の同意を得て無理に行わないようにします。報告をしたほうがよい場合として、以下のことがあげられます。
  (1) 血圧・脈拍・体温などいつもと違う変化があるとき
  (2) 睡眠不足、表情や顔色がさえない、めまいやふらつきがあるとき

② 介護者の服装

　介護者の入浴の支援のときの服装は、濡(ぬ)れてもよい（Tシャツや短パン、水着）服装を選びます。

POINT　安心
介護者が濡れるのが嫌だという理由だけでエプロンを着用していると、冷たいエプロンに触れた本人は不快に感じます。

③ 入浴への誘導

　入浴へ誘導する際、流れ作業ではなく、1対1で本人の尊厳(そんげん)を守る入浴の支援を心がけましょう。また、介護者の都合で脱衣を早くから始めてしまい、裸のままで待つことがないように、できるだけ入浴する直前まで衣服を着たままでいてもらうようにします。脱衣後は不要な露出(ろしゅつ)を避(さ)けるため、バスタオルなどでプライバシーの保護に努めるようにします。羞恥心(しゅうちしん)を抱(いだ)かせ、入浴を嫌がる原因につながる可能性があります。

3 入浴の支援

[入浴行為の一連の動作]

① 浴槽に入る前

❶脱衣室で衣服を脱ぎます。

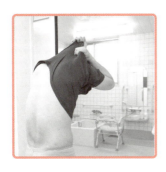

POINT 安心

立位が不安定な人は転倒しないように、脱ぐときはいすに座ります。いすの高さは足底がしっかり床につく高さにします。

❷脱衣室から浴室へ移動後、シャワーチェアが冷たくないように、本人が座る前に湯をかけ温めます。

❸介護者は、本人がシャワーチェアにしっかり座れているかを確認します。

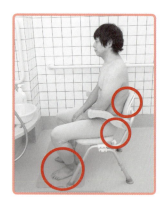

> **POINT** 安心
>
> 介護者の準備が整うまで裸のままでは恥ずかしく、寒さを感じる人もいます。バスタオルなどでプライバシーの保護を行います。

❹介護者の手首の内側で湯温を確認してから、シャワーをかけます。その際、浴槽の湯温の確認もします。

＜湯温の確認＞

> **POINT** 安心
>
> 高齢になると感覚が鈍くなりやすく、熱さを感じにくいので介護者が先に湯温の確認を行います。冬場は低温でも熱く感じるため、慣れるのを待ってから湯温を確認します。そのあとに、本人にも手のひらで確認してもらいます。
> 麻痺がある場合、患側は麻痺で感覚が鈍くなっていることもあるので健側で確認をします。

＜シャワーをかける位置＞

 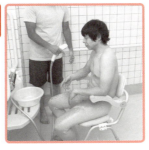 

> **POINT** 安心
>
> シャワーの湯が本人の適温と確認できたら、足先（心臓から遠い部分）から徐々にからだの中心（心臓）に向かって湯をかけていくことで、心臓への負担が軽減し、急激な血圧の上昇を防ぎます。湯温の変化を確認することができるように、介護者は湯を自分の手にかけながら行います。

＜シャワーの水圧＞

> **POINT** 本人主体 安心
>
> 肺や心臓の機能が低下している場合、水圧によって呼吸数や心拍数が増加し、息苦しさや圧迫感（あっぱくかん）を感じるため水圧に気をつけます。
> 本人が顔にかけてほしいと希望する場合、額（ひたい）と髪の生え際付近に湯が流れるようにかけます。

＜ウォッシュクロスの折り方＞

> **POINT** 安心
> 介護者が支援を行う場合、タオルを長いまま使用すると端（はし）がビラビラし、洗うしずくが周囲や本人に飛び散り、不快を生じることがあります。ビラビラしないようにからだに当たる面を平らにすると、平均した圧で洗うことができます。

❺シャンプーをしっかり手で泡立て、髪を洗います。

　指の腹でマッサージするように洗います。耳の後ろやもみあげも忘れずに洗うようにします。男性の場合、顔と髪を一緒に洗う人もいます。その人の習慣にあった方法で洗うようにします。
　洗髪（せんぱつ）を嫌がる場合は、シャンプーハットやドライシャンプーを使用します。

> **POINT** 安心
> 指の腹でマッサージすることで頭皮が傷つきません。頭を下げているのが苦痛になることもあるため、すばやく行います。洗い流すときは、目や耳に水が入らないようしっかりとふさいでもらうように言葉かけをします。

❻からだを洗います。洗う順番はその人によって違います。本人に洗う順番を確認しながら支援を行うようにします。

> **POINT** 意欲
> 拘縮（こうしゅく）などで手先がうまく使えない人は手袋のようなスポンジなどを活用し、できるだけ自分で洗えるように支援を行います。

＜からだの洗い方＞

・心臓への血液の流れを助けるはたらきがあるため、からだの中心に向かって洗います。

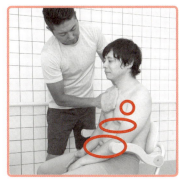 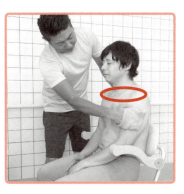

・乳房は円を描くように、へその部分は腸の走行にそって、「の」の字を書くようにして洗います。
・鎖骨(さこつ)のくぼみ、乳房の下、わきの下、腹部の皮膚(ひふ)や肉が重なった部分、拘縮した指の間は汚れがたまりやすい部分なので念入りに洗うようにします。

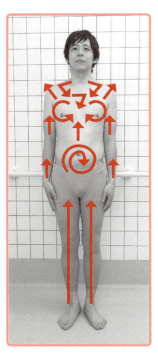

> **POINT　安心**
>
> 　拘縮により無理に指の間を開くと痛みを生じます。本人に指の間を開いてもらったり、動かしやすいようにほかの部分を洗って温まったあとに洗うようにします。
>
> 　へその部分は「の」の字を書くように洗うと便秘の予防になります。高齢になると皮膚の弾力が乏(とぼ)しく傷つきやすいので、力の加減に注意します。

第6章　入浴

・背中も中心から外側、下から上へと洗っていきます。お尻は汚れやすいので、円を描くように念入りに洗い、いすから落ちないように石けんを洗い流します。

> **POINT** 安心
>
> 立って洗うほうが洗いやすいですが、足の裏に石けんがついていると滑り(すべ)やすく転倒する可能性が高いので、しっかりと洗い流してから洗うようにします。

・心臓への血液の流れを助けるはたらきがあるため、足はからだの中心に向かって洗います。足の指の間に汚れがたまりやすいのでしっかりと洗うようにします。

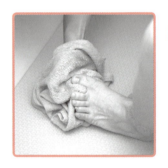

> **POINT** 安心
>
> 拘縮(こうしゅく)により無理に指の間を開こうとすると痛みが生じるので、本人に痛みを確認しながら洗うようにします。開きにくい場合は、綿棒や手でやさしく洗うようにします。

・顔を洗います。耳の後ろや小鼻の周り、首の周りなどは特に汚れがたまりやすいのでしっかり洗います。

> **POINT** 安心
> 洗い流すことができない場合、軽く絞ったタオルで拭くと石けんが目や口に入らないです。石けんをよく拭きとらなければ肌荒れの原因になるので、石けんの成分が残らないようにタオルの面を変えて拭くようにします。

＜陰部の洗い方＞

特に陰部は介護者に洗ってもらうことに抵抗がある人が多いので、できるだけ自分で洗ってもらうようにします。デリケートな部分なので、柔らかいスポンジなどを使います。女性の場合、前から後ろに向かって洗うようにします。

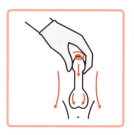 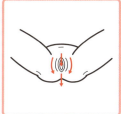

> **POINT** 安心
> 女性の場合、肛門から陰部へ向けて洗うと、雑菌が膣や尿道に入り、感染症を起こすことがあります。男性の場合、亀頭部や陰のうの裏などに汚れがたまりやすいのでていねいに洗います。

2 浴槽へ入る

❶浴槽の縁や手すりを持って、浴槽へ入ってもらいます。

> **POINT** 安心
> 入浴前にシャワーチェアの高さを浴槽の高さに合わせておくと浴槽内への出入りがスムーズに行えます。床の泡を洗い流し、転倒するのを防ぎます。

第6章 入浴

105

<浴槽内の温度>

浴槽内の湯の温度は38℃〜41℃が基本ですが、本人の好みの温度にできるだけ設定します。入浴前に異常がなくても、浸かっているうちに体調が悪くなることもあります。浴槽内へ浸かる時間は5〜8分を目安にします。浸かる時間もその人によって違うため、できるだけ希望する時間で浸かることができるようにします。

POINT　安心

本人と相談して、血圧の高い場合はぬるめの湯での半身浴をすすめます。その際、肩やからだが冷えてしまうことがあるので、時々湯をかけ保温をします。入浴剤の使用はぬるぬるしたり、浴槽の底が見えにくくなり転倒しやすいので気をつけます。

❷浴槽へ入るとき、浴槽の縁や手すりなどを持ってもらいます。必要に応じてバスボードを設置し、本人の安全の確保を行い、不安を最小限にします。

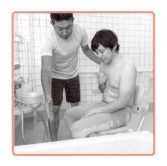

POINT　安心

バランスをくずして転倒しないように、介護者は患側の手と肩甲骨あたりを支えておきます。

❸手すりや浴槽の縁を持ってもらったまま、健側の足から浴槽へ入れます。バスボードや浴槽の縁に座った状態では、介護者は本人の患側の手と肩甲骨を支えます。

> **POINT** 安心
>
> 後方へバランスをくずす可能性があるため、介護者は患側の後方ですぐに支援ができる位置にいるようにします。

❹介護者は本人の患側の膝の後ろを手で支え、持ち上げるようにして浴槽へ入ってもらいます。

> **POINT** 安心 意欲
>
> 可能であれば本人にも協力してもらいます。介護者の右手は本人の肩甲骨付近を支え、左手は膝の後ろを支え、後方へバランスをくずさないようにします。

❺患側の足を浴槽へ入れます。バスボードや浴槽の縁に座った状態では、後方に倒れないように介護者は本人の肩甲骨や臀部を手で支えます。

❻手すりを持ったまま、前かがみの姿勢になり、介護者は本人の臀部を両手ではさむように支援します。水の浮力を利用しながらゆっくりと浴槽内へ浸かります。

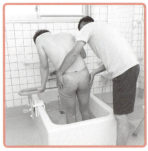

> **POINT** 安心
>
> 　支援が必要な場合、前かがみの姿勢になり、途中までからだを浸からせたら、前方への転倒を防ぐため、両手で臀部をはさむようにして支えます。介護者は無理な姿勢にならないように、できるだけ浴槽に近づいて支援を行います。
>
> 　無理な姿勢での長時間の支援は、介護者自身が腰を痛める原因ともなります。

＜浴槽の中へ入ったとき＞

　湯に浸かると浮力で姿勢が不安定になりやすくなります。浴槽内が深い場合は、浴槽の中に台を入れ、深さの調節を行います。浴槽の底が滑り、踏ん張ることが難しいようであれば滑り止めマットを使用します。

> **POINT** 安心
>
> 　入浴中に眠ってしまったり、背中が丸くなっている人の場合、座位姿勢を保つことが難しく、顔が湯に浸かったり、姿勢がくずれることもあります。浴槽の縁やバスグリップを持ち、座る姿勢が不安定にならないようにします。
>
> 　介護者は姿勢を保つことができるように、両肩を支えるなどしてからだを支えておきます。浮力が活かせるように、たっぷりと湯を入れます。

3 浴槽から出る

浴槽から出るとき、体力を消耗しているので本人に体調を確認し、注意しながら支援を行います。浴槽から立ち上がりやすいように両足を手前（からだに引きつけるような感じ）に引きます。

❶前かがみの姿勢になり、手すりや浴槽の縁を持ったまま立ち上がります。介護者は右手で患側の膝を支え、患側の足が前へ出ないようにします。左手は臀部を支え、浮力を活用して立ち上がりの支援をします。

> **POINT** 安心
>
> 転倒に注意し、からだを支えるときはつかまないよう、手のひらでからだをはさむように支援します。立ち上がる際に介護者は引っ張り上げるのではなく、本人にお辞儀をするような姿勢をとってもらうように言葉かけを行います。
>
> 前かがみの姿勢がしっかりとれていると自然にお尻が浮くため、そのタイミングで立ち上がってもらうようにします。

❷立ち上がったあとは浴槽の縁に座ります。介護者は本人のからだを支え、座り損ねによる転倒を防ぐようにします。

> **POINT** 安心
>
> 浴槽の底が滑りやすく転倒しやすいので、介護者は手のひらで臀部をはさむようにして支えます。座ったあとに後方へバランスをくずすこともあるので注意をします。

❸浴槽の縁を持ったままの状態で、座位姿勢がしっかりと安定していることを確認できたら、膝の裏を支えて患側の足を先に出します。

POINT 安心

患側の足を出す際、後方へからだが反れバランスをくずすこともあるので、介護者は背中や肩甲骨を支えます。

❹次に健側の足を出します。

POINT 安心

しっかり座れていても座位のバランスをくずすこともあるので、介護者は本人のからだを支え、目を離さないようにします。

❺浴槽から両足を出したら、シャワーチェアの中央に座ります。立ったままからだを拭くとバランスをくずし、転倒する可能性があるため、安全面を配慮しいすに座って行います。

POINT 安心

- 時間が経つとからだが冷え、疲労感が増してくるので、浴室内で軽くからだを拭き、移動します。誘導するときは、湯上がりの疲労感でふらつくこともあるので転倒に注意します。
- 脱衣室では、すばやく乾いたバスタオルなどで拭き、露出にも配慮します。バスタオルを座面に敷いておくと衛生的にもよく、背部から臀部にかけての水気を取ることができます。
- 脱衣室が寒いと湯冷めをするだけでなく、急な温度変化で心臓などに負担がかかることがあるのでヒーターなどで温めるようにしておきます。

❻脱衣室に移動したあとにしっかりとからだを拭きます。洗うときと同様、拭く順番もその人によって違います。支援を行う際には本人に確認しながら行います。

＜からだの拭き方＞

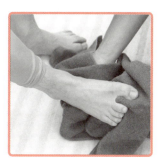

> **POINT** 安心
>
> 足や手の指の間も拭きます。高齢の人や麻痺がある人は、足の指と指の間が開きにくくなっているため、骨折になったり痛みが生じないように無理に開かないようにします。
>
> お腹のしわの部分や鼠径部、乳房の下などは拭き残しがよく見られる部分です。拭き残しがあると衣服を着るときに着にくさを感じてしまいます。

4 入浴後

- 汗を多くかいていたり、のぼせ気味などの場合、バスタオルを上半身にかけて、しばらく休んでもらい汗が引いたら、衣服を着てドライヤーで髪を乾かします。
- 汗をかいていなくても水分補給を行ってもらい、脱水の予防をします。
- 肌の乾燥が見られる人には保湿剤（クリームなど）を塗り、皮膚の状態の観察も行います。

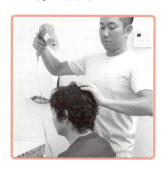

> **POINT** 安心 生活習慣
>
> - しっかりとタオルで水気をとり、ドライヤーをかけます。ドライヤーの吹き出しは高温のため、頭から20cm程度離し、風を散らすようにドライヤーを振りながら当てます。
> - ドライヤーは耳に近い場所で音がし、耳に風が入ることで不快に感じたりします。ドライヤーが苦手な人にはすばやく終えるようにします。
> - ふだんどのような髪なのか知っておくと、ドライヤー後もどのように髪を整えるとよいかがわかります。

5 こんな場面ありませんか

　入浴の時間が長すぎると体力を消耗しますが、湯に浸かりたい時間は人それぞれ違います。体調面ばかりを気にするのではなく、本人の好みを大切にした入浴を行いましょう。「早く出ましょう」「まだ出ないのですか」などの言葉かけは、本人に苦痛を与える可能性があるため、注意するようにします。また、ふだんは話が好きな人でも、お風呂はゆっくり入りたいと思っているかもしれません。介護者が話しかけたり、湯をかけ続けるのではなく、安全面に注意しながらゆっくりと入浴ができるように配慮することも大切です。

お風呂は1人で入りたいから外で待っていてほしい……

4　機械浴の支援

　機械浴は、からだの麻痺などで座ることや立つことが難しい人が、ストレッチャーを利用して寝たまま入浴する方法です。移動が少ないため苦痛は少ないですが、せまいストレッチャー上で洗うため、安全面に注意する必要があります。

　ベッドからストレッチャーへ移動する際、振動や音などでからだの安定性に対して強い不安を感じる人もいます。不安が軽減するような言葉かけをしながら支援を行いましょう。

❶本人の背部にボードを差し込みます。
❷ボードが差し込めたら仰向けになってもらい、ボードの中央にからだがくるよう整えます。入浴用のストレッチャーへ移動する際には、ボードを手前に引きます。入浴用のストレッチャーへ移動したら、ボードを背部から引き抜きます。

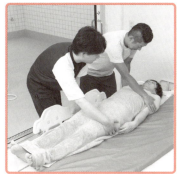

> **POINT　安心**
>
> 　ストレッチャーと入浴用のストレッチャーを行き来するとき、移る側を低くするとスムーズに移動することができます（滑り台のように）。バスタオルやタオルケットなどを全身にかけ、プライバシーを守りながら浴室へ移動します。ストレッチャーから入浴用のストレッチャーへ移動する際は、両方のストレッチャーの車輪のストッパーにブレーキをかけ安全に注意します。

＜介護者の位置＞

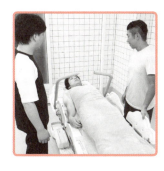

> **POINT　安心**
>
> 　機械浴で入浴するとき、介護者は2人で支援を行います。基本的に介護者は両側から本人を囲むように支援を行います。威圧感を与えないように、立つ位置に配慮します。

❸からだを洗います。

＜からだの洗い方＞

 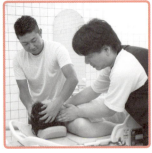 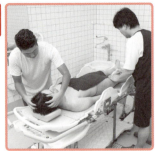

> **POINT** 安心
>
> 一人の介護者が髪の毛を洗っているときに、もう一人の介護者がからだを洗うと、本人が混乱を招くため、からだを一度に洗わないようにします。本人にどこから洗いたいかを確認しながら、ていねいに支援します。

❹髪の毛やからだを洗い終えたら、浴槽(よくそう)の中に入ります。

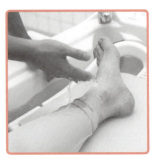

> **POINT** 安心
>
> 浴槽へ入る前は必ず、介護者が湯温の確認を行い、本人にも湯温の確認を行ってもらいます。
>
> 浴槽内へ入るときは、本人のからだが下方向へずれておぼれることもあります。備(そな)え付けのベルトを装着(そうちゃく)し、入浴用のストレッチャーについているグリップを持ってもらい安全面に配慮(はいりょ)します。

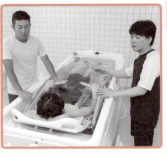

＜バブル（気泡）の使用＞

　バブル（気泡）は、使用すると気持ちがいいと感じる人もいますが、苦手な人もいます。使用するかしないかの確認を行ったうえで使用します。

　また、ストレッチャーのシートがしっかりと固定されているかも確認します。バブルで浮き上がり、姿勢がくずれる原因となります。

> **POINT　安心**
> バブルを使用した場合、バブルでからだが浮いたり、姿勢がくずれたりします。本人にしっかりとグリップを持ってもらい、介護者は使用中、目を離さないように見守ります。

5　入浴できない人への対応

1 疲れやすい人への配慮

　体力の低下が著しい状態のときや、何らかの事情で入浴やシャワー浴ができないときは、ドライシャンプーを使用した洗髪や清拭、足浴、手浴、陰部洗浄を行い、清潔を保つようにしましょう。

　一度に全身を清拭すると時間もかかり、体力の消耗や疲労が大きいので、本人の状態によっては部分的に行うようにしましょう。足浴は不眠時に用いると入眠を促す効果があるといわれています。

> **POINT　安心**
> 寒さを感じないように、室温を適温（24℃〜25℃）に保ちながら、プライバシーの保護・保温のためにバスタオルを使用します。

2 失禁がある人への配慮

　脱衣室で衣服を脱いでいるときのパンツ内や、からだを洗っている途中に便が出た場合に、介護者の都合で浴槽に浸かることを中止することがないようにしましょう。本人のことを考え、入浴の順番などに配慮して入浴できる環境を整えましょう。

☑ チェックリスト

	チェック項目	自己評価
1	入浴前に本人の体調や排泄の有無の確認ができていますか。	
2	事前に必要物品や入浴補助用具の準備ができていますか。	
3	脱衣室や浴室の室温・湯温の確認はできていますか。	
4	本人が衣服の着脱を行う際に、立位が不安定な人は転倒防止のため、いすに座って支援することができていますか。	
5	入浴のために本人を長い時間、待たせていないですか。	
6	不要な露出を避け、プライバシーの保護や保温に努めていますか。	
7	シャワーチェアにしっかり座ることができていますか。	
8	介護者が湯温を手首の内側で確認後、本人にも同じように湯温を健側の手で確認してもらっていますか。	
9	湯は心臓から遠い足先からかけていますか。	
10	本人にどこから洗うかを確認していますか。	
11	本人の力(潜在能力)を活かした支援ができていますか。	
12	本人の髪の毛を洗う際、爪を立てずに指の腹で洗うことができていますか。	
13	洗い残しやすい部分(耳の後ろや指の間など)も忘れずに支援することができていますか。	
14	本人が立ち上がる前に、床の泡を洗い流して立ち上がっていますか。	
15	安全面へに注意しながら、ゆっくりと入浴できるような位置で支援することができていますか。	
16	浴槽に合わせた出入りの支援ができていますか。	
17	機械浴の場合、介護者は立ち位置に注意しながら支援ができていますか。	
18	機械浴の場合、本人の洗髪や洗身を一度に行っていないですか。	
19	支援しながら本人の全身状態の観察を行うことができていますか。	
20	拭き残しがないように支援ができていますか。	
21	本人の希望に応じて保湿クリームを塗ることができていますか。	
22	髪の毛を乾かす際、風を散らすようにドライヤーを使うことができていますか。	
23	入浴後、本人の体調を確認して、水分補給ができていますか。	

【評価　　できている○、まあまあできている△、できていない×】

衣服の着脱

1 衣服の着脱の支援で大切なこと

　衣服の着用は、からだを保護し清潔を保つだけではなく、自己を主張し自分らしさを表現することができます。その場に応じた服装の選択や好きな衣服を身につけることは、生活意欲の向上につながります。また、朝晩の着替えを行うことで、生活にメリハリがつき、その日一日の生活リズムを整えることにもつながります。

　衣服の好みやその日着たい衣服は、介護を必要とする人（以下、本人）によって異なります。支援が必要になっても、介護者にとって着せやすい衣服を選択するのではなく、一日の始まりや終わりに本人がどの衣服を着たいのかを選んでもらうことが大切です。そうすることで、気持ちよく一日を始められ、一日を終えることができます。

　また、支援が必要になり、今まで本人が大切にしてきた衣服を着ることが難しくなった場合、どのような工夫をすれば着てもらうことができるのかを介護者として考えていくことも大切です。

　着脱の支援には痛みや苦痛を伴う場合もあります。痛みや不安を伴うと着替えをすることが嫌になってしまいます。本人の痛みや不安な思いを最小限にし、一人ひとりのからだの特徴や個性、状況に合わせて、その人らしく生活できるような支援を心がけましょう。

2 衣服の着脱の支援を行う前に

1 衣服の着脱の環境

　衣服の着脱の支援をする前に、プライバシーを保護するためにカーテンを閉めます。特に冬場は、暖房器具などで室温調整を行ったり、介護者の手を温めるなど、本人に不快感を与えないようにしましょう。また、本人が衣服を選べるように、手の届くところや本人に合った収納などの環境を整えていくことが大切です。

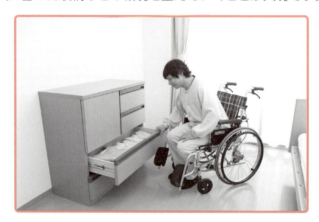

2 衣服の着脱に必要な福祉用具

■ ボタンかけアシスト

麻痺のある人や握力の弱い人などは、ボタンをつけるのに時間がかかり、それだけで苦痛になります。ボタンをつままなくてもかけられるように、ボタンかけアシスト補助具などを用いることもあります。

■ 多機能型衣類

ボタンをつまむことが難しい人などに、ボタン部分がマジックテープになっていて留めやすい衣類です。

寝返ることで苦痛を伴う場合に、着替えやおむつ交換がしやすい衣類です。

■ 介護用靴

自分で靴の脱ぎ履きが難しくなった人などに、履き口（開口部分）が広いマジックテープ式の靴です。また、快適で安全なものはもちろんですが、おしゃれを楽しめる靴も多くあります。

■ 滑り止め付き靴下

屋内での転倒防止の目的などで、靴下の裏側に滑り止めが付いた靴下です。また、むくみでうっ血しないように裾口が緩いタイプの靴下もあります。

■ ソックスエイド

麻痺(まひ)がある人などが、自分で靴下を履(は)くときに、片手でも履けるように使用するものです。

3 衣服の着脱の基本

① 掛け布団の使用方法

POINT 安心

介護者は掛け布団を取る際に、本人に背を向けずに取るようにします。表情や顔色を確認しながら取ることで本人の安心につながります。

また、ほこりをたてずに取ることや、本人の状態によっては、自分で布団をかけられるようにきれいにたたむことも配慮(はいりょ)として大切です。

② 袖、裾の通し方の基本

■ 袖の通し方

袖や裾を通すときは、介護者の手を先に通します。

 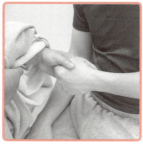 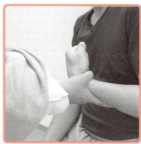

> **POINT** 安心 意欲
>
> 患側は関節の可動域が制限されるため、患側が左側であれば、介護者も左手で本人の手を支えます。介護者が右手で患側（左手）を支えると、無理に腕を引っ張る可能性があり、痛みの原因になります。

■ 患側への通し方

患側に袖を通すときは、しっかりと肩まで上げます。

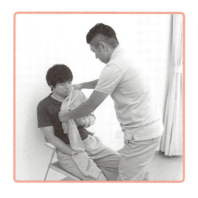

> **POINT** 安心 意欲
>
> 関節の可動域に制限がある人は、肩まで上げておくことで、そのあと頭を通すとき無理に腕を持ち上げることがなく、痛みを抑えることができます。

3 衣服の着脱の支援

1 衣服の着脱の支援 ── 座位の場合

　片麻痺がある人の座位でのかぶりの衣服、前開きの衣服、ズボンの着脱場面の解説をします。座位が保てる場合は、座って行います。両足が床につくことでバランスが安定するので、ベッドの高さやいすは本人に合ったものを使用します。
　麻痺などにより関節の可動域に制限がある人は、痛みが出たり脱臼する場合があるため、衣服を着るときは患側から、脱ぐときは健側から行います。

① かぶりの衣服の着脱

【着るときの基本動作】
❶袖を通すときは、介護者の手を先に通します。

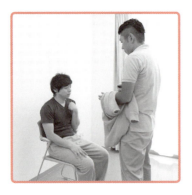

POINT 安心 意欲

　患側は、関節の可動域が制限されるため、患側が左側であれば介護者も左手で本人の手を支えます。介護者が右手で患側（左手）を支えると、無理に腕を引っ張る可能性があり、痛みの原因になります。

❷患側の袖を通したら、しっかり肩まで上げます。

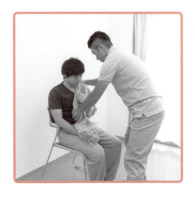

POINT 安心 意欲

　関節の可動域に制限がある人は、肩まで上げておくことで、そのあと頭を通すとき無理に腕を持ち上げることなく、痛みを抑えることができます。

❸健側に袖を通します。

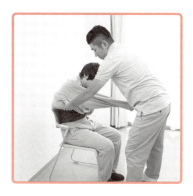

> **POINT** 安心 意欲
>
> 介護者は袖口と裾口を持ちます。本人が前方から手を入れることによって、バランスをくずすことなく手を通すことができます。

❹上着の着心地を確認します。

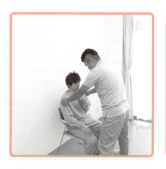  

> **POINT** 安心 意欲
>
> 衣服や下着のしわやたるみは、褥瘡の原因になります。また自分で直すことのできない人は、次の着替えをするまで不快な気持ちになります。

【脱ぐときの基本動作】
❶衣服を脱ぐときは健側から脱ぎます。

 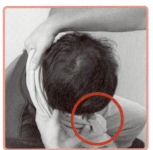

> **POINT** 本人主体 安心 意欲
>
> 　介護者は、袖口と裾口を持ちます。本人が前方から脱ぐことで、バランスをくずすことなく脱ぐことができます。頭を脱ぐときは、本人が可能であれば少し前傾姿勢になってもらいます。
> 　健側の手で、襟元を持ってもらいあごを引いてもらうことで、かぶりの衣服でも脱ぎやすくなり、顔に引っかかるなどの不快感を最小限にできます。

❷患側の衣服を脱ぎます。

 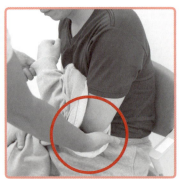

> **POINT** 安心
>
> 　肩から腕にそって、介護者の手をそわせながら脱ぐことでスムーズに脱げます。引っかかることで痛みが出るなどの本人の不快感を最小限にできます。
> 　腕を支えるときも、介護者は上から握るのではなく、下から支えるようにします。

② 前開きの衣服の着脱

【着るときの基本動作】
❶袖を通すときは、介護者の手を先に通します。

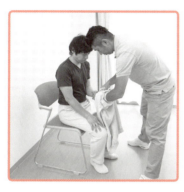

> **POINT** 安心 意欲
> 患側は、関節の可動域(かどういき)が制限されるため、患側が左側であれば介護者も左手で本人の手を支えます。介護者が右手で患側（左手）を支えると、無理に腕を引っ張る可能性があり、痛みの原因になります。

＜患側の袖を通したあとの注意点＞

> **POINT** 安心
> 患側の袖を通したあと、介護者が支援しやすいからと健側に位置しないようにします。麻痺(まひ)により転倒の可能性がある場合に対応できるように、介護者は患側に位置することが望ましいです。

❷健側の袖を通します。

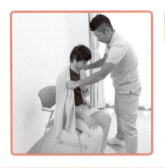

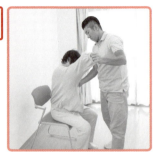

> **POINT** 本人主体 安心 意欲
>
> 患側の肩から袖を脱がせておくことで、衣服にゆとりがでて、健側の袖が通しやすくなります。介護者は袖口とわき部分を持ち、本人に前方より通してもらうことで、無理な関節の動きをせずに袖を通すことができます。

❸ボタンを留めます。

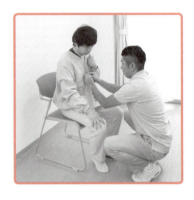

> **POINT** 本人主体 安心 意欲
>
> ボタンのかけ違いもあるため、言葉かけを行い、一番上だけ介護者が留める配慮をすることも大切です。時間がかかりそうなボタンは一緒に行ったり、ボタンの種類を提案するなど本人が負担にならないようにします。

❹着心地を確認します。

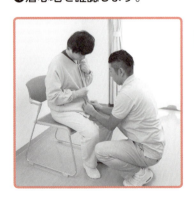

> **POINT** 本人主体 安心 意欲
>
> 衣服の中心線にずれやしわがあると、自分で直せない人は次の着替えをするまで不快な思いをすることになります。必ず着心地を確認するようにします。

③ ズボンの着脱

【履くときの基本動作】

❶ズボンを履くときは、先に介護者の手を裾口に通し、本人の足底を支えながら通します。

＜足底を支える＞

> **POINT** 安心 意欲
>
> 　向かい合ったときに介護者の手は、本人の足底をかかと部分まで包むように支えます。足底を介護者の手の平から手首にしっかり密着させることで、裾が通しやすくなります。裾を通すとき、介護者の手を必要以上に上げると本人の座位のバランスがくずれ、転落の危険があるため注意します。本人が可能なら、健側の手で患側の足を持ち上げてもらいます。

＜裾を通す＞

 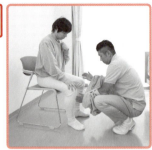

> **POINT** 安心
>
> 裾を通すとき、つま先、かかとの順で通すことで、指先が引っかからずに通すことができます。また、介護者は両手に裾を通し、両足を一度に通さないようにします。本人の座位のバランスがくずれたとき、一方で介護者は両手がふさがっているため、ふらついたときに支えられません。

＜裾を床につけない＞

> **POINT** 安心
>
> 施設は、いろんな人が出入りするため、床が清潔でないことがあります。ズボンを履くときに、裾が床につかないようにします。

❷裾を通したら膝上までしっかり上げます。

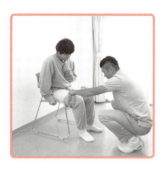

> **POINT** 本人主体 安心
>
> 　膝上まで上げ、膝下のたるみをしっかり整えておくことで、そのあと立位になったときに上げ直しを最小限にすることができます。
> 　整え直すたびに、本人に何度も座ってもらう負担を減らすこともできます。

❸ズボンを上げます。

> **POINT** 安心
>
> 　ズボンを上げる際は、臀部側から上げると引っかからずにスムーズに上げることができます。引っかかることでバランスがくずれることもあるため、安心できる支援をすることが大切です。

❹履き心地を確認し、しわやたるみを整えます。

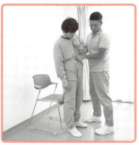

> **POINT** 安心 生活習慣 意欲
>
> 　無理に引き上げることで中心線がずれてしまったり、入れたほうがよいと思って上着をズボンの中に入れてしまうことがあります。中心線がずれていないか、上着をズボンの外に出すのか中に入れるのかは、今までの生活習慣によって違うため本人に確認します。

2 衣服の着脱の支援 —— ベッド上の場合

　起きて着替えることが難しい人の場合は、ベッドに寝た状態で着替えを行います。側臥位になることで患側の痛みや転落するかもしれない恐怖心などを伴います。できるだけ本人の不安や痛みを最小限にして支援をしていくことが大切になります。

※本人が患側を下にして側臥位になったとき、健側でベッドを支えることができます。しかし、健側を下にして側臥位になったとき、患側でベッドを支えることができないため、支援できるように介護者は原則、健側に位置するようにします。

❶肌が露出しないように配慮します。

POINT 本人主体 安心

カーテンを閉めることで外からのプライバシーは保てますが、介護者からのプライバシーは保てません。本人の羞恥心や寒さなどをできるだけ最小限にするため、事前に衣服を準備したり、タオルケットなどをかけて配慮します。

❷介護者は袖口と衣服の肩部分を持ち、健側から脱ぎます。

POINT 安心 意欲

肩から袖を脱がしておくことで、衣服にゆとりができ、本人の腕から脱ぎやすくなります。肩を脱がしておかないと無理な動きとなり、痛みなどの不快感につながります。

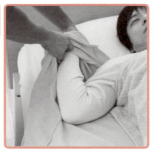

❸患側を下にして側臥位になってもらい、脱いだ衣服をしっかり入れ込みます。

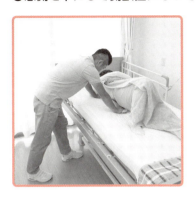

> **POINT** 安心 意欲
>
> 患側を下にして側臥位になるときは、痛みを伴うこともあります。患側の手が下にならないようにお腹や胸に置いてもらい側臥位にします。

❹次に健側を下にして側臥位になります。

> **POINT** 安心
>
> 肌の露出を最小限にするため、脱いだ衣服を取ると同時に、新しく着る衣服をからだにかけるようにします。

❺患側の肘を脱ぎます。

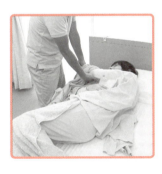 

> **POINT** 本人主体 安心
>
> 患側の肘をしっかり支え、袖口を引っ張ることでスムーズに脱ぐことができます。このとき、患側の手をつかむと痛みが出るため、軽く包みこむように支援します。

❻患側の袖を通します。

POINT 本人主体 安心

患側の袖を通すときに、患側の指に引っかからないように、介護者の左手で本人の手を包むように支え、袖を通します。

❼患側のズボンを下ろします。

POINT 本人主体 安心

袖を通したら、からだへの負担を考え、何度も側臥位になってもらわなくていいように患側のズボンを下ろしておきます。

❽健側の袖を通します。

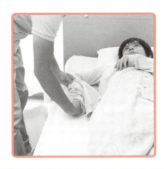

> **POINT** 本人主体 安心
> 関節の可動域によっては、上向きに通すことで痛みが出てくる可能性があります。袖や裾を通すときは、新しい衣服を（袖や裾）を下向きにし、介護者の手を先に通します。

❾ボタンを留めます。

> **POINT** 本人主体 安心 意欲
> ボタンを留める際は、本人ができるようなら一緒に行います。かけ違いなどもあるため、状況に合わせ、一番上だけ介護者が留める配慮をすることも大切です。

❿背中のしわなどを伸ばし、健側の臀部のズボンを下ろします。

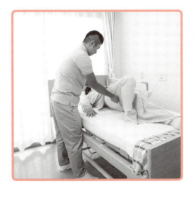

> **POINT** 本人主体 安心 意欲
> 本人が可能であれば、健側の臀部を上げてズボンを下ろせるところまで下ろしてもらいます。残りの部分は側臥位になってもらい、介護者が下ろします。このときに患側への配慮を忘れないようにします。

第7章 衣服の着脱

133

⑪膝を立て、ズボンを下げます。

POINT 安心

ズボンを足首まで下げておくことで、本人に何度もからだを動かす負担を減らすことができます。膝を立てるとき、患側はバランスをくずし倒れることもあるため支えるようにします。

⑫ズボンを脱ぎます。

 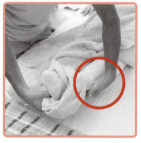 

POINT 本人主体 安心 意欲

足を上から支えると、介護者は本人の足をつかむことになりかねません。圧迫痕をつけてしまったり傷つけてしまうため、足を支えるときは、下から支えます。

⑬ズボンの裾を通します。

 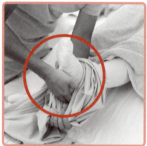

POINT 本人主体 安心 意欲

介護者の手で本人のかかと部分までしっかり支え、つま先、かかとの順で裾を通すことで引っかかりなどでの痛みや不快感を防ぎます。

❹ズボンを上げます。

> **POINT** 本人主体 安心 意欲
>
> ズボンを上げる際、膝上までしっかり上げておくことで、本人に何度もからだを動かす負担を減らすことができます。

❺ズボンを上げ、しわを整えます。

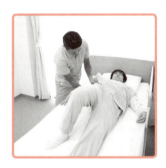 

> **POINT** 安心
>
> 衣服のしわやたるみは褥瘡の原因になるので、整えるようにします。

❻着心地を確認します。

> **POINT** 本人主体 安心 生活習慣
>
> 肩やわきの線、ズボンの中心線がずれていたり、下着のたるみがあると不快な気持ちになります。
> また、患側の手をからだの上に長く置いておくと負担が大きくなるため、終わったら本人の患側をすみやかに下ろします。

第7章 衣服の着脱

⓱退室前には、着脱の支援をする前の環境に戻します。

> **POINT** 本人主体 安心 生活習慣
>
> 着脱の支援をするときに物を動かしたら、元の環境に戻します。
>
> いつもの場所に必要な物がないと本人は困ります。本人の生活空間であることを最後まで意識して支援することが大切です。

③ 靴、靴下の着脱支援

① 靴下の着脱の基本

介護者は前方から支援するのではなく、本人の横に位置し支援します。

 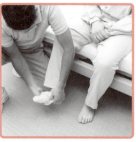 

> **POINT** 本人主体 安心 生活習慣 意欲
>
> 前方から支援すると後方に押すようになるため、本人の横に位置し、自分が靴下を履くときと同じ体勢で上げることを意識して支援します。履くときに、指が引っかからないように靴下を広げておくようにします。
>
> 麻痺のある人の場合、健側から履くことで力が入れやすくなるため座位が安定します。また、座位のバランスがくずれることもあるため、介護者は患側に位置します。

② 靴の着脱の基本

靴の着脱時は、足底(そくてい)を持たずにかかと部分を支えるように履きます。

POINT 本人主体 安心 意欲

　靴を床に置き、介護者は靴のかかと部分と、本人の足首の後方を支えます。靴底は清潔ではないため触れないように十分に配慮(はいりょ)し、靴を履くときは、指が引っかからないように気をつけます。履いたあとも、指が当たっていないかを介護者が確認し、履(は)き心地(ここち)を本人に確認するようにします。

　麻痺のある人の場合、健側から履くことで力が入れやすくなるため座位が安定します。また、座位のバランスがくずれることもあるため、介護者は患側に位置します。

☑ チェックリスト

	チェック項目	自己評価
1	事前に本人に確認し、本人の着たい衣服の準備ができていますか。	
2	本人の不要な露出を避けて、プライバシーの保護に努めていますか。	
3	掛け布団を取るとき、本人に背を向けることなく取れていますか。 また、ほこりがたたないような配慮はしていますか。	
4	前開きの衣服を脱ぐとき、健側の肩を脱がすことができていますか。	
5	袖や裾を通すときに、本人と介護者の手の位置に注意できていますか。	
6	かぶりの衣服を着る前に、衣服の袖をたぐり寄せて、開口部を広くしていますか。	
7	かぶりの衣服の上着を着るときに、患側に袖を通して、肩から首まで着ることができていますか。	
8	上着の着衣後、両肩と袖を整えていますか。	
9	ズボンを履くときに、片方ずつ裾を通すことができていますか。	
10	ズボンを履くときに、裾が床についていないですか。	
11	靴下を履くとき、指が引っかからないように配慮した支援が行えていますか。	
12	靴を履くとき、靴底を触らないようにするなど清潔に配慮した支援が行えていますか。	
13	支援をしながら、全身状態の観察ができていますか。	
14	本人の力を活用して、安全や着心地に配慮した支援ができていますか。	
15	衣服が汚れていたら、本人に言葉かけをして、着替えができていますか。	
16	本人に適切な言葉かけをしながら、着脱の支援が行えていますか。	
17	拘縮のある人の場合、痛みや関節の可動域に配慮しながら着脱の支援が行えていますか。	
18	本人の習慣を大事にし、着る順番や脱ぐ順番などに配慮ができていますか。	
19	着替えたものを整え、退室することができていますか。	

【評価　　できている○、まあまあできている△、できていない×】

参考文献

- 介護福祉士養成講座編集委員会編『最新 介護福祉士養成講座6 生活支援技術Ⅰ』中央法規出版、2019年
- 介護福祉士養成講座編集委員会編『最新 介護福祉士養成講座7 生活支援技術Ⅱ』中央法規出版、2019年
- 田中義行『潜在力を引き出す介助――あなたの介護を劇的に変える新しい技術』中央法規出版、2010年
- 安藤祐介『利用者に心地よい介護技術――「新感覚介助」というアプローチ』中央法規出版、2015年
- 公益財団法人介護労働安定センター『介護職員初任者研修 介護技術チェックシート』2013年
- 財団法人社会福祉振興・試験センター『介護福祉士国家試験・実技試験免除のための介護技術講習テキスト』2004年
- 林泰史編、糸沢克枝・森田敏子『介護福祉士のための介助テクニックシリーズ2 日常生活援助の基本テクニック』文光堂、1993年
- 中村春基・神沢信行・東山毅『在宅ケアハンドブック 脳卒中の在宅リハビリテーション』家の光協会、2000年
- あい介護老人保健施設監、田中元『イラストでわかるやさしい介護のしかた』高橋書店、2010年
- 三好春樹監、金田由美子・東田勉『完全図解 在宅介護 実践・支援ガイド』講談社、2015年
- 日本ケアワーク研究所監、住居広士ほか『見てよくわかるリハビリテーション介護技術』一橋出版、2001年
- やさしい手編集部編『おとしよりのお世話 最新 安心介護応援ブック』婦人生活社、1996年
- 川島みどり編『イラストで理解する初めての介護――心と技術』中央法規出版、2011年

監修

上原 千寿子（うえはら ちずこ）
広島国際大学医療福祉学部教授

執筆者（五十音順）

河内 佑美（こうち ゆみ）
広島文教大学人間科学部助教

寺藤 美喜子（てらふじ みきこ）
トリニティカレッジ広島医療福祉専門学校介護福祉学科専任教員

豊田 美絵（とよた みえ）
尾道福祉専門学校教務主任

長岡 倫子（ながおか みちこ）
西広島リハビリテーション病院介護福祉士

三木 宏美（みき ひろみ）
公益社団法人広島県介護福祉士会理事

吉岡 俊昭（よしおか としあき）
トリニティカレッジ広島医療福祉専門学校介護福祉学科学科長

撮影協力

掛谷 剛（かけや つよし）
株式会社おはつ Team ひろしま部長（人材育成支援リーダー）

社会福祉法人信々会特別養護老人ホームくちた園

本人の視点に基づく
介護技術ハンドブック

2019年 9月10日 初版発行
2023年 8月25日 初版第2刷発行

監　修	上原千寿子
編　集	介護技術ハンドブック作成委員会
発行者	荘村明彦
発行所	中央法規出版株式会社
	〒110-0016　東京都台東区台東3-29-1　中央法規ビル
	TEL 03-6387-3196
	https://www.chuohoki.co.jp/
装幀・本文デザイン	北田英梨（株式会社ジャパンマテリアル）
本文イラスト	ひらのんさ
写真撮影	浅田悠樹
DTP・印刷・製本	株式会社ジャパンマテリアル

定価はカバーに表示してあります。
ISBN978-4-8058-5948-3

本書のコピー、スキャン、デジタル化等の無断複製は、著作権法上での例外を除き禁じられています。また、本書を代行業者等の第三者に依頼してコピー、スキャン、デジタル化することは、たとえ個人や家庭内での利用であっても著作権法違反です。
落丁・乱丁本はお取り替えいたします。

本書の内容に関するご質問については、下記URLから「お問い合わせフォーム」にご入力いただきますようお願いいたします。
https://www.chuohoki.co.jp/contact/